DANIEL VÉZINA

LE FRUIT DE MA PASSION

RÉFLEXIONS, AVENTURES
ET RECETTES GOURMANDES

UN GROS MERCI

Philippe Lapeyrie, sommelier en chef
et caviste du LR

À Marie-Claude Lortie, coordonnatrice du cahier Actuel à *La Presse*, qui a été la première à croire en mes futurs talents de chroniqueur gastronomique et qui les a vendus à sa direction. À travers ses conseils, que j'apprécie infiniment, je peux apprendre à peaufiner mes écrits pour mieux vous divertir. Également à Martha Gagnon pour ses relectures et corrections.

À Suzanne Gagnon, ma compagne de toujours et ma conseillère principale, de m'avoir persuadé de me lancer dans cette aventure de collaboration avec *La Presse* et qui, deux ans plus tard, a convaincu André Provencher, président des Éditions La Presse, de publier mes textes dans un troisième livre. Merci aussi à ses collaborateurs, Martine Pelletier, adjointe à l'édition et Martin Rochette, directeur de l'édition, pour leur dynamisme et leur confiance en ce projet qui me tenait tant à cœur.

À mon équipe du laurie raphaël, qui m'épaule tous les jours et plus particulièrement à Philippe Lapeyrie, sommelier en chef et caviste, pour son implication dans *Le fruit de ma passion*. Ses accords mets et vins ne laisseront personne indifférent tant ses propos coulent de promesses de bien boire. Philippe a le don, je devrais plutôt dire le charisme, de nous entraîner dans son monde, le monde du vin, qu'il connaît comme nul autre.

À Jacques de Varennes, vp création lg2 québec, qui m'accompagne dans ce troisième livre. Jacques a toujours su cerner mes besoins et mettre en valeur mes ouvrages. À ses collaboratrices, Maryse Gagné et Julie Pichette, pour les nombreuses heures de travail mises à peaufiner le graphisme et la mise en pages de mon livre.

À Alain Roberge, mon photographe avec qui j'ai eu infiniment de plaisir à travailler depuis deux ans pour mes articles dans *La Presse*. Bourré de talent, ce jeune photographe a su capter les images gourmandes que j'ai déposées devant lui, et ce, sur le vif car aucune photo n'a été prise en studio.

Aux collaborateurs photographes : Nathalie Mongeau, de chez Kanuk, pour l'article *La pêche aux oursins*, Serge Caron pour les photos des Îles-de-la-Madeleine dans l'article *Le crabe de la tempête des neiges*, André Tremblay et Martin Chamberland de *La Presse* pour les articles *Critiques critiqués* et *Les petits plats dans les grands*. À noter que toutes les photos de mets dans ces articles ont été prises au laurie raphaël par Alain Roberge.

À Pierre Beauchemin, de l'ITHQ, pour la photo de la recette d'agneau du Bas-du-Fleuve.

Enfin, un gros merci à Pascale Girardin, Caroline Beale et Kathleen Proulx pour leurs magnifiques créations.

Ah oui ! J'allais oublier mon fidèle ami et styliste culinaire Marc Antoine Maulà pour mon cadeau de fête en retard : une journée complète chez lg2 à revoir mes choix de photos et leur cadrage dans le livre.

Alain Roberge, photographe *La Presse*

PRÉFACE

C'était l'été et j'ignorais, ce soir de juillet 1998, que j'allais vivre une expérience gastronomique inoubliable. Une expérience ? Non, le mot est trop clinique, trop technique pour rendre l'émotion qui m'a étreinte en dégustant le tartare de pétoncles aux fraises que Daniel venait tout juste de créer. Avant la première bouchée, j'appelais le magicien du laurie raphaël « Monsieur Vézina », à la seconde bouchée, j'espérais que nous serions très vite amis car je ressentais déjà pour Daniel une estime qui n'a fait que grandir avec les années.

Comment ne pas être éblouie, épatée, transportée de bonheur quand on goûte aux merveilles qui ont fait du restaurant de la rue Dalhousie une adresse mondialement reconnue ? Je suis subjuguée par l'imagination sans bornes de l'artiste, cette fantaisie qui fait de lui un novateur, un visionnaire, un enchanteur qui carbure à la passion depuis plus de vingt-cinq ans... Vingt-cinq ans de labeur, de recherches, de voyages et d'échanges, de générosité. Si j'admire le chef pour l'inégalable finesse de ses plats, c'est l'homme qui m'émeut par sa volonté de partager ses connaissances. Je pense au poème de Verlaine « voici des fruits, des fleurs, des feuilles et des branches et voici mon cœur qui ne bat que pour vous... » ; je sais que la quête du sens de l'existence a été mouvementée, tragique pour le poète, mais je crois néanmoins que Daniel, dans une vie infiniment plus heureuse, cherche lui aussi à comprendre le monde qu'il habite afin de nous le rendre tel qu'il l'aime, afin que nous puissions le percevoir avec ses yeux et ses papilles...

Il nous offre ses récoltes odorantes, où se marient la terre et la mer, le feu et le temps, l'exotisme et la sérénité, l'iode, la cardamome, le yuzu japonais, l'érable, le soya, le gingembre et les fraises de l'île d'Orléans, le mesclun de Jean Leblond, les légumes de M. Daigneault.

Autant de découvertes qui lui permettent depuis des années de vanter les mérites des artisans qui œuvrent pour lui. Il les nomme, fidèle, avec reconnaissance et nous devons éprouver la même gratitude pour Daniel Vézina qui nous a appris à être si fiers des produits du Québec, ces produits qui nous font aimer chaque saison.

Le fruit de ma passion témoigne des instants privilégiés qui jalonnent une année, l'Halloween, Noël, la Saint-Valentin, Pâques et toutes ces fêtes entre amis où le plaisir se décline joyeux, coquin, étonnant, inédit, doux comme une confidence, pratique, émouvant et aussi soyeux que les gonades d'un oursin...

Ce livre doit être abordé comme la rétrospective d'un peintre qui nous permet de comprendre toute sa richesse et son originalité...

Chrystine Brouillet

Daniel Vézina est propriétaire
du **laurie raphaël** Restaurant | Atelier | Boutique,
à Québec. Il y œuvre depuis 15 ans.

Il reçoit les gens dans un décor et un concept
complètement renouvelés.

Après *En direct du laurie raphaël* et *Ma route des saveurs du Québec*, voici *Le fruit de ma passion*. Ce troisième livre est le résultat d'une réflexion gourmande entreprise il y a deux ans à mes débuts de ma collaboration avec le journal *La Presse*.

Le fait de pouvoir partager mensuellement avec les lecteurs sur des sujets gourmands comble mon besoin de communiquer ma passion. Je me sens privilégié de pouvoir livrer mon opinion et me positionner sur différents aspects de la gastronomie tout en faisant le récit de mes aventures et de mes plaisirs gourmands.

Je n'ai pas la prétention d'être écrivain, encore moins poète, mais je peux vous assurer que cuisiner est ma spécialité. Je jongle avec les produits et pianote sur mon fourneau du laurie raphaël Restaurant | Atelier | Boutique depuis 15 ans déjà.

Dans ma cuisine (qui est d'ailleurs le titre de ma chronique), je suis comme un poisson dans l'océan des saveurs. Quand on a désossé des centaines d'agneaux et filer des milliers de poissons depuis tant d'années, on peut dire sans prétention que l'on sait bien le faire. Mais entre le faire et le dire, il y a tout un monde... Il me faut trouver les mots qui sauront décrire les gestes et les techniques qui donneront l'envie aux gens d'essayer les recettes que je leur propose, tout comme je le fais avec mes élèves dans l'atelier du restaurant.

Dans tout ce que j'écris, mon but premier est d'amener les lecteurs à comprendre la cuisine, à s'amuser derrière un fourneau... Pour y arriver, je dois les aider à développer un sixième sens, qui relève plus de l'intuition que du savoir, car la cuisine n'est pas une science exacte.

Le fruit de ma passion est le recueil de divers articles écrits au fil de mes aventures gastronomiques. Bien sûr, dans ce livre, je partage avec vous mes recettes, mais je vous offre en plus ce qui est le plus important à mes yeux pour apprendre à aimer cuisiner : une vision de la cuisine, un contexte dans lequel tout est possible lorsqu'on aime manger. Il peut s'agir d'une dégustation d'oursins sur une table à pique-nique à Havre-Saint-Pierre ou encore de la dégustation des meilleures mangues au monde près d'une cascade à Sainte-Lucie... Je vous propose également mes trucs et astuces de chef en plus de vous suggérer des endroits où faire votre marché.

Être prêt à tout pour bien manger, voilà ma philosophie. Il n'y a jamais trop d'efforts à faire pour se délecter de plats savoureux qui resteront à jamais gravés dans notre mémoire gustative. Par des récits gourmands, je tente de vous démontrer que la gastronomie, c'est avant tout partager de bons moments autour d'une table au fil des occasions qui jalonnent la vie, et ce en bonne compagnie. L'art de recevoir permet de jouir de cette compagnie et savoir bien cuisiner est la garantie du succès d'un repas en famille ou entre amis.

Pour bien me faire comprendre, je dois décrire des émotions, traduire des saveurs dans une langue que tout le monde peut comprendre... et c'est celle de la gourmandise que j'ai choisie.

Daniel Vézina

LE RETOUR
des oies blanches

Quand les oies survolent nos régions colorées et atterrissent dans nos champs, quand les jours raccourcissent et que le bois de foyer est bien cordé, il est temps de se rendre à Baie-du-Febvre ou au Cap-Tourmente pour observer les oies blanches avant leur départ vers le Sud.

Ce sont les principales haltes des « oies des neiges », ces volatiles palmipèdes d'une beauté à vous couper le souffle. Comme un nuage, elles passent au-dessus de vous et atterrissent dans les champs tels de gros et légers flocons de neige. Profitez d'une belle journée ensoleillée pour découvrir en famille ce monde fascinant de la migration des oies blanches.

Au Québec, la commercialisation de l'oie blanche est interdite, mais la chasse est permise deux fois par année, au printemps et à l'automne (elle se poursuit jusqu'en décembre). Un chasseur peut abattre sur les terres publiques 20 oies par jour et la limite de possession est de 60. Les quotas diffèrent dans les réserves comme celle de Cap-Tourmente. Seuls quelques chanceux ayant des amis chasseurs peuvent déguster ces oiseaux sauvages.

Au Québec, plusieurs éleveurs ont décidé de combler ce manque. Depuis une dizaine d'années, ils ont entrepris l'élevage de l'oie provenant de l'Ouest canadien, mais aussi de l'oie grise des Landes, en France, une variété domestiquée en Europe et importée ici. Il s'agit d'une oie idéale pour le gavage, qui permet d'obtenir de superbes foies gras pouvant atteindre 1,2 kilo et possédant une texture très crémeuse et un goût très fin.

L'oie d'élevage est excellente et présente certains avantages comparativement à l'oie sauvage. Sa saveur est un peu moins goûteuse vous diront, avec raison, les amateurs de chasse, mais en contrepartie, elle est plus tendre et juteuse après la cuisson étant donné qu'elle ne vole pas et présente un surplus de gras.

...QUOI DE MIEUX
QU'UNE OIE RÔTIE
AU FOUR COMME PREMIER
REPAS D'AUTOMNE...

DANS MA CUISINE

Le fond obtenu à partir des os est excellent et permet de réaliser des sauces délirantes.

Je les parfume, entre autres, avec des baies de chicoutai, des canneberges et des pommes, tous des fruits d'automne qui se marient à merveille avec la finesse de cette volaille et que l'on trouve dans les marchés à la même période.

Avec les suprêmes ou les magrets (suprême provenant d'une oie gavée), je marque la peau en quadrillage et assaisonne avec de la fleur de sel et du poivre long. Puis je les saisis du côté peau pour ensuite les passer quelques minutes au four.

Je tranche alors de belles aiguillettes rosées que je dépose dans des assiettes bien chaudes et je nappe de sauce. Une poêlée de champignons sauvages ou un gratin de courge complètent bien ce plat de roi.

Pour terminer, je ne peux passer à côté des cuisses que je mets 12 heures dans le sel avec des graines de moutarde séchées et des baies de genièvre broyées au mortier. Après cela, je les plonge dans le gras d'oie pour les faire confire trois ou quatre heures à 250 °F (120 °C), avec leurs gésiers. Je marcherais des kilomètres à genoux pour savourer des gésiers confits sur une salade arrosée d'une vinaigrette aux lardons déglacés avec un peu de vieux vinaigre de vin rouge.

Mais quoi de mieux qu'une oie rôtie au four comme premier repas d'automne...

J'adore rôtir l'oie, l'arroser avec soin de son jus de cuisson, flamber le fond de la rôtissoire avec un alcool pour confectionner la sauce et pour couronner le tout, la trancher habilement devant mes amis qui salivent juste à la regarder.

Je vous propose donc l'art de rôtir une oie blanche.

SAVIEZ-VOUS QUE...

La migration des oies est un phénomène naturel qui mérite qu'on s'y attarde un peu. Ces oiseaux sont dotés d'un sens de l'orientation peu ordinaire et d'une prédisposition naturelle à se gaver. Ils le font pour se préparer au long voyage au cours duquel les haltes pour se nourrir se font rares.

Les oies peuvent atteindre 1,5 mètre une fois leurs ailes déployées et pèsent autour de trois kilos pour le mâle et un peu moins pour la femelle.

Les oies blanches passent tout l'hiver entre le New Jersey et la Caroline du Sud. Au printemps, elles remontent tranquillement (entre 60 et 100 km/h) la côte est des États-Unis et font une halte au Québec, notamment au Cap-Tourmente et à Baie-du-Febvre.

Dans les marais, à marée basse, elles enfouissent leurs têtes dans la boue et se nourrissent du rhizome d'une plante très riche appelée « scirpe d'Amérique ». Lorsque la marée est haute, elles atterrissent dans les champs pour se nourrir de nouvelles pousses, ce que les cultivateurs détestent, d'ailleurs. Bien engraissées, elles entreprendront par la suite un long voyage de 3 000 kilomètres... qui les mèneront au nord de la Terre de Baffin en passant par la péninsule d'Ungava.

Là, elles trouveront les conditions idéales (nourriture en abondance et peu de prédateurs) pour pondre leurs œufs. Les oisons naissent vers le milieu de juillet et atteindront 20 fois leur poids en huit semaines.

Puis au mois de septembre, avant que le gel ne s'installe dans l'Arctique, elles refont le trajet inverse et reviennent en grand nombre au Québec, au début d'octobre, où elles restent une période de trois semaines, avant de repartir dans le Sud. Parfois, les oies les plus vieilles ou fatiguées restent pour se reposer jusqu'au début de l'hiver avant d'aller retrouver leurs camarades.

L'ATELIER
et ses secrets

1. Une bonne rôtissoire au fond et aux côtés épais, de 42 cm X 35 cm (16,5 po X 14 po), suffisamment grande pour recevoir l'oie. Acheter une bonne rôtissoire, même si elle est chère comme une All-Clad, par exemple, est un placement à long terme vu la durabilité et la longévité d'un tel outil sans oublier qu'on maximise ainsi les chances de réussir un bon rôti tant pour la cuisson que pour la sauce.

2. Une aiguille à brider pour refermer la cavité.

3. De la bonne corde pour ficeler la volaille afin qu'elle conserve sa forme originale.

4. Une poire à jus pour arroser fréquemment l'oie afin d'obtenir une peau croustillante.

5. Une minuterie pour surveiller les différentes étapes de la cuisson.

6. Un couteau bien affûté - un trancheur de type Global ferait bien l'affaire - pour couper de fines tranches.

7. Une planche à découper avec un récupérateur de jus.

OÙ FAIRE SON MARCHÉ

Dans Lanaudière, à Saint-Alexis-de-Montcalm, il existe depuis cinq ans une ferme nommée L'Oie Naudière. Ses propriétaires, Sylvie Renaud et Alain Dansereau, y élèvent des oies destinées au gavage et à la production d'un magnifique foie gras. Pour visiter la ferme et pour plus de renseignements, consulter le site Internet www.loienaudiere.com

À Montréal, on peut acheter ces oies à la boucherie-charcuterie de Tours au marché Atwater et à Québec chez Gibiers Canabec, qui dessert plusieurs boucheries et restaurants au Québec. Soyez tout de même prévoyant et commandez-les à l'avance.

Les amateurs de produits biologiques seront heureux d'apprendre que l'oie bio est maintenant disponible grâce à Lucie Rioux de la ferme Logie-bio de Baie-du-Febvre. Elle élève des oies nourries de grains certifiés biologiques. Les oiseaux sont très goûteux et charnus, mais un peu moins gras. La chair est très délicate et présente moins de perte après la cuisson.

www.gibierscanabec.com

OIE D'ÉLEVAGE DE L'OIE NAUDIÈRE
rôtie et farcie aux pommes, son jus parfumé
au vin de vendange tardive du Domaine Lalande

Pour 6 personnes

En guise d'accompagnement !

La dernière fois que j'ai préparé une oie, je l'ai servie avec des bouquets de chou-fleur rôtis et caramélisés au beurre frais et, pour compléter, des pâtes fraîches parsemées de bon parmigiano-reggiano fraîchement râpé.

La tombée de choux aux lardons est très classique mais toujours appréciée avec l'oie rôtie. Une bonne purée de pommes de terre nappée avec le jus d'oie reste pour moi le nec plus ultra. En Alsace, on la sert carrément avec de la choucroute.

Ceux qui aiment faire des repas thématiques peuvent se lancer dans la fabrication des *spätzles*, un accompagnement que l'on trouve dans les pays germaniques. Il s'agit de petites quenelles de pâte que l'on poche dans de l'eau bouillante salée et que l'on saute par la suite à la poêle pour leur donner une légère coloration. Les *spätzles* accompagnent à merveille l'oie rôtie. J'en ai déjà dégusté en Suisse, plus précisément à Bâle qui se trouve non loin de l'Alsace. On me les a servis avec un excellent émincé de veau à la zurichoise.

INGRÉDIENTS

Oie

1 oie gavée de L'Oie Naudière de 3 à 4 kilos (6,5 à 9 lb)

30 ml (2 c. à soupe) de beurre ramolli

Sel et piment d'Espelette ou poivre du moulin au goût

Farce

1 oignon moyen

675 g (1 1/2 lb) de pommes Redcort ou Lobo

30 ml (2 c. à soupe) d'huile d'olive

30 ml (2 c. à soupe) d'herbes fraîches hachées (estragon, ciboulette, romarin)

15 ml (1 c. à soupe) de beurre frais demi-sel

Sel et poivre au goût

Jus parfumé au vin de vendange tardive du Domaine Lalande

2 branches de céleri

2 carottes épluchées

1 poireau nettoyé

3 gousses d'ail en chemise

1 branche de thym frais

1 feuille de laurier

250 ml (1 tasse) de fond brun de volaille

250 ml (1 tasse) de Domaine Lalande

Sel et poivre au goût

LE VIN

Chinon
Philippe Alliet
Loire, France

Nous avons besoin d'arômes primaires, de jeunesse et de fruits frais pour cette volaille nec plus ultra...

Quels élégants reflets violines épaulés par une belle densité... Les tannins sont encore bien serrés mais le vin est velouté et tout en fruit. Il sera important de le servir entre 15 et 16 °C pour profiter de toute sa splendeur aromatique.

TECHNIQUE

Pour l'oie

Dans un premier temps, vider l'intérieur de l'oie. En général, on y retrouve le cou, qu'on pourra couper en trois ou quatre morceaux. Couper ensuite le bout des ailes près des pilons et les déposer avec le cou au fond de la rôtissoire.

Pour la farce

Éplucher l'oignon et le hacher finement. Peler les pommes et retirer le cœur à l'aide d'un vide-pomme. Les tailler en cubes de 1,5 cm (environ 3/4 po). Hacher les fines herbes. Dans une grande poêle, faire chauffer le beurre et l'huile, puis revenir les oignons à feu moyen, et poursuivre en ajoutant les pommes et les fines herbes; assaisonner avec le sel et le poivre, laisser refroidir quelques minutes.

Pour la farce et la cuisson de l'oie

Préchauffer le four à 450 °F (240 °C). Assaisonner l'intérieur de l'oie et remplir la cavité avec la farce. Coudre l'embouchure de l'oie à l'aide d'une aiguille à brider et d'une corde à rôti. Quelques points suffisent à empêcher la farce de s'échapper pendant la cuisson. (Il est possible de faire la même opération sans aiguille à brider en perçant de petits trous avec la pointe d'un couteau et en y faufilant la corde, puis en terminant en faisant un nœud.)

Croiser le bout des pattes et les ficeler ensemble. Cette étape se réalise mieux à deux, le but étant de conserver la forme de l'oie. Déposer l'oie dans la rôtissoire sur les morceaux d'ailerons et de cou pour la maintenir en place.

Tailler les légumes de la grosseur d'une fine mirepoix (macédoine). Les déposer autour de l'oie, badigeonner avec le beurre fondu et assaisonner. Placer la rôtissoire sur la grille du centre du four et rôtir pendant 20 minutes.

Réduire la température à 250 °F (120 °C) et cuire doucement pendant 4 heures en arrosant fréquemment du jus et du gras de l'oie avec une poire à jus. Ce jus devrait être de plus en plus abondant au cours de la cuisson. Au terme de cette longue cuisson, retirer la rôtissoire du four et mettre l'oie sur une tôle à pâtisserie. Réserver dans le four éteint.

TECHNIQUE (SUITE)

Jus parfumé au vin de vendange tardive du Domaine Lalande

Mettre la rôtissoire à feu doux sur la cuisinière en conservant les os et les légumes, puis déglacer avec le Domaine Lalande. Ajouter le fond brun de volaille ou à défaut, un cube de bouillon de bœuf (on doit avoir un peu plus d'un bon litre (4 tasses) de jus dans la rôtissoire, sinon compléter avec un peu d'eau). Mijoter pendant 20 minutes, verser le contenu de la rôtissoire dans un chinois étamine et filtrer dans un récipient en verre. Jeter les os et laisser reposer le bouillon une dizaine de minutes. On peut donc observer le jus se séparer du gras; ensuite, à l'aide d'une louche, retirer le gras à la surface du jus. Une fois cette opération terminée, transverser le jus dans une petite casserole et le réserver au chaud. Quelques minutes avant de servir, placer la tôle avec l'oie au four à 450 °F (240 °C) et terminer la cuisson pour obtenir un rôtissage parfait. Cela peut prendre une quinzaine de minutes. Attention de ne pas la brûler. Sortir l'oiseau du four et retirer les ficelles.

Pour le tranchage, deux options:

La première consiste à séparer les cuisses de l'oie et à les tailler en trois morceaux, ensuite on dégage les suprêmes de la carcasse et on les taille en aiguillettes assez épaisses. Cette approche permet de conserver la peau croustillante. On peut servir le jus à part.

La seconde consiste à couper les suprêmes en fines tranches un peu comme pour une dinde. Sectionner les cuisses et les couper en trois parties. Dans ce cas-ci, on nappera plutôt les fines tranches avec le jus bouillant.

LES LÉGUMES
oubliés

L'automne est arrivé et les feuilles qui tombent nous ont déjà fait oublier les pommiers en fleurs, les tapis de marguerites et de pissenlits, le chant des cigales et quoi encore. Je crois profondément qu'il est dans la nature des gens d'oublier pour mieux redécouvrir la beauté véritable de la nature et de ses fruits. Chaque nouvelle saison est porteuse de découvertes et c'est merveilleux ainsi.

Depuis plusieurs années, on entend parler de légumes ou de fruits oubliés. Quels sont-ils? Pourquoi gagnent-ils tout à coup la faveur des gastronomes? Pourquoi refont-ils surface sur nos tables après plusieurs années d'absence?

C'est peut-être à cause des discours écologiques qui incitent les gens à faire un retour à la terre ou encore des diététistes qui veulent nous ramener vers une alimentation plus saine? Ou est-ce le végétarisme qui prend de plus en plus d'ampleur? Pourquoi ne serait-ce pas simplement le goût du vrai, de la découverte, l'envie de sortir de notre routine, qui nous amènerait à rechercher dans notre passé les petits bonheurs qu'on aurait oubliés? Il est sûr que l'oubli a fait disparaître certains légumes ou fruits autrefois appréciés. Mais quels sont les mécanismes de l'oubli et comment éviter de refaire les mêmes erreurs et de priver à nouveau les gastronomes des générations à venir de ces légumes extraordinaires, comme le céleri-rave, la bette à carde, le panais, le chou-rave, tous oubliés pendant des décennies?

RACINES ET PETITS FRUITS

Les premiers humains qui ont foulé notre Terre se nourrissaient de racines, de petits fruits et de gibiers sauvages, ce qui, soit dit en passant, pourrait être l'une des meilleures diètes à suivre par les temps qui courent... Se peut-il qu'en plusieurs centaines de milliers d'années on n'ait rien compris?

Le jour où les hommes ont troqué la cueillette pour le jardinage a été probablement celui où on a commencé à oublier certains légumes. Il était plus facile d'aller à l'arrière de sa demeure chercher du maïs (l'un de nos premiers joyaux de l'agriculture) que de descendre quelques kilomètres en bordure de la rivière pour trouver quelques racines en rares quantités.

Même à l'époque de la Grèce antique, plusieurs légumes populaires cultivés dans les jardins de Babylone furent relégués à la soupe du pauvre, l'ancêtre de ce qu'on appelle aujourd'hui dans la plupart des foyers ou restaurants du Québec la crème de légumes! Et on a dû attendre l'arrivée de l'Italienne Catherine de Médicis en France pour redonner à certains légumes une notoriété oubliée.

...ON PEUT INNOVER
DANS LA CUISINE DE TOUS
LES JOURS EN UTILISANT
CERTAINS LÉGUMES OUBLIÉS...

Les deux guerres mondiales ont aussi eu un impact. Ces périodes difficiles ont obligé les gens à manger certains légumes peu coûteux qu'on retrouvait en abondance comme les pommes de terre, les topinambours, les salsifis et plusieurs variétés de courges. Presque tous ces légumes ont été rejetés par la suite parce qu'ils incarnaient la pauvreté, les vaches maigres.

Le topinambour, par exemple, appelé l'artichaut du pauvre pendant la Seconde Guerre mondiale, commence à peine à refaire surface sur nos tables. Tout un oubli, n'est-ce pas ?

Plus près de chez nous, le melon de Montréal, apprécié par la population et exporté en grande quantité aux États-Unis entre les années 20 et 50, est disparu pendant presque un demi-siècle avant d'être repopularisé, il y a quelques années.

Les crosnes aussi figurent sur cette liste. Venus du Japon, on commence à les déguster ici parce qu'un certain Monsieur Daigneault, de la région des Laurentides, s'y est intéressé. Et il y a une vingtaine d'années déjà, un jardinier visionnaire nommé Jean Leblond a commencé à cultiver une grande variété de légumes méconnus, oubliés, comme les pâtissons blancs, jaunes, orange en version mini ou en gros légumes pulpeux. Je pense entre autres à ces fameuses patates bleues venues du Pérou qui, grâce à lui, prennent leur place aujourd'hui dans la cuisine québécoise.

Leblond nous a aussi fait (re)découvrir les fleurs de courgettes, popularisées par Jacques Maximin, grand chef français des années 80, qui a trouvé la manière de les cuisiner dans des anciens ouvrages du grand épicurien grec Apicius !

LÉGUMES BIZARRES

Lorsque vous vous promènerez au marché et que vous verrez de petits ou gros légumes bizarres, dites-vous bien que ce ne sont pas nécessairement des produits transgéniques, mais probablement des légumes qui refont surface après une longue absence. Et que si vous ne les cuisinez pas ou ne vous y intéressez pas, ils pourraient disparaître à nouveau.

Il est quand même rassurant de savoir que vous êtes nombreux à rechercher de plus en plus d'idées originales pour accompagner vos plats préférés. Et on peut innover dans la cuisine de tous les jours en utilisant certains légumes oubliés. Pourquoi ne pas remplacer les ingrédients traditionnels de la crème de légumes par des betteraves jaunes ? Et servir une purée de courge musquée (butternut) au lieu de la purée de pommes de terre habituelle ? Une autre idée : remplacer les spaghettis dans un plat de pâtes par de la courge spaghetti. Aussi, une multitude de confitures peuvent être préparées avec des physalis, des tomates vertes et des oignons rouges et blancs.

Soyez inventifs ! Faites ressortir vos instincts primitifs, osez cuisiner un légume que vous ne connaissez pas et contribuez à conserver l'héritage génétique de nos légumes.

Après tout, on ne doit jamais oublier ses racines !

VELOUTÉ DE COURGE «BUTTERNUT»
poêlée de pétoncles de la Côte-Nord

Pour 4 personnes

INGRÉDIENTS

1 courge «butternut» d'environ 1 750 g (3 1/2 lb)

1 oignon blanc moyen

1 gousse d'ail

45 ml (3 c. à soupe) de beurre demi-sel

1 litre (4 tasses) de bouillon de volaille

60 ml (1/4 tasse) de crème 35 %

12 pétoncles (environ 200 g ou 6,5 oz)

15 ml (1 c. à soupe) d'huile d'olive

Sel d'algues de François Brouillard (ou sel fin)

Quelques gouttes d'huile de basilic

4 branches de fenouil

Note : On peut acheter le sel d'algues de François Brouillard à la Reine de la Mer ou à L'Aromate ou encore se procurer ma propre version de ce sel à la boutique du laurie raphaël.

TECHNIQUE

Peler la courge et en extraire les graines. Il doit en rester 500 g (1 lb) net. Couper la courge en cubes de 1,5 cm (environ 3/4 po) de côté. Peler l'oignon ainsi que la gousse d'ail. Couper cette dernière en deux et retirer le germe au centre. Hacher l'oignon et l'ail finement.

Faire fondre le beurre dans une casserole pouvant contenir au moins 2,5 litres (10 tasses) et faire revenir l'ail et l'oignon. Ajouter la courge. Continuer à faire revenir pendant un moment. Mouiller avec le bouillon de volaille et assaisonner légèrement. Cuire jusqu'à ce que la courge soit tendre (environ 30 minutes).

Passer le tout au mélangeur jusqu'à consistance crémeuse. Ajouter la crème 35 % et rectifier l'assaisonnement. Réserver au chaud. Ajuster la consistance au besoin avec un peu de bouillon de volaille.

Chauffer une poêle antiadhésive, l'humecter d'un peu d'huile d'olive et saisir les pétoncles sur les deux faces. Assaisonner avec le sel d'algues de François Brouillard puis les déposer sur un papier absorbant. Verser le velouté dans les assiettes à soupe bien chaudes, y déposer trois pétoncles, quelques gouttes d'huile de basilic et une branche de fenouil.

...SOYEZ INVENTIFS ! FAITES RESSORTIR VOS INSTINCTS PRIMITIFS, OSEZ CUISINER UN LÉGUME QUE VOUS NE CONNAISSEZ PAS ET CONTRIBUEZ À CONSERVER L'HÉRITAGE GÉNÉTIQUE DE NOS LÉGUMES. APRÈS TOUT, ON NE DOIT JAMAIS OUBLIER SES RACINES !...

LE VIN

Treana
Marsanne/Viognier
Californie, États-Unis

Un vin servi sur un velouté ? Eh oui, c'est possible si celui-ci possède suffisamment de texture, surtout que l'onctuosité sensuelle des pétoncles nous donne un bon coup de main.

Cet assemblage rhodanien est tout simplement divin. Il est généreux, ses parfums sont exubérants et ses courbes sont aussi élancées que celles de ma douce moitié...

OUANANICHE, SUSHIS
et autres gourmandises

Je profite toujours de mes vacances pour trouver de nouvelles saveurs. C'est d'ailleurs ce que j'ai fait au cours d'une escapade avec des copains fin septembre à Havre-Saint-Pierre. Ce fut une fin d'été exceptionnelle (près de 20 °C en septembre sur la Côte-Nord, c'est rare !), palpitante, gourmande, et surtout, très inspirante.

Nous sommes allés pêcher la truite et les oursins et nous avons fait des festins dont je me souviendrai longtemps, toujours ponctués d'oursins frais, de pétoncles dans leurs coquilles, de palourdes, de mactres de Stimpson et de crabes vivants.

Quelques idées des petits repas que nous nous sommes concoctés ? D'abord, un lunch de homards sur l'île au Marteau avec six belles prises de 7 à 8 livres. Ces homards âgés de près de 50 ans sont rares, gigantesques et très goûteux, surtout cuits dans l'eau de mer et servis dans un beurre de citron à l'aneth.

Ensuite, un souper à la truite mouchetée et à la ouananiche a fait délirer mes amis : tartare de truite parfumé à l'huile de homard, sushi de truite laquée à l'érable et un sushi aux pétoncles et fraises d'automne suivi d'un *chowder* de truite et d'un risotto préparé avec de la truffe que mon ami Jean-Jacques avait rapportée avec lui de France. (Pour faire son risotto, il dépose une truffe noire d'été fraîche et parfumée, pendant quelques semaines, dans un bocal hermétique rempli de riz.)

J'ADORE LES ALGUES

J'aime tellement les algues que j'en mangerais tous les jours. Leur goût fin et légèrement iodé me procure beaucoup de plaisir en bouche, surtout lorsqu'elles sont servies avec des poissons crus comme des tartares ou des sushis. Laissez-moi vous aider à les apprivoiser.

Les algues sont des plantes primitives dépourvues de feuilles, de tiges et de racines. Elles poussent sur toutes les latitudes mais on les retrouve surtout sur les littoraux. Ces végétaux marins bruns, rouges ou verts font le bonheur des Asiatiques qui les consomment en grande quantité depuis plus de 10 000 ans. Ils les préparent de différentes façons, notamment dans un bouillon de poisson appelé *dashi* qui est fait à partir de l'algue *kombu* et de copeaux de bonite séché. Ce bouillon parfumé est utilisé pour la préparation de plusieurs plats, dont la soupe au miso.

Les algues séchées et pressées appelées *nori*, sont probablement les plus connues en Amérique car ce sont celles qu'on utilise pour préparer les populaires sushis. Chaque année, les Japonais consomment plus de 10 milliards de ces feuilles de papier marin qui servent à la confection des sushis. La face mate et rugueuse de la feuille sert à retenir le riz lors du roulage et l'autre partie, plus lisse et brillante, sert à flatter les yeux et glisse sous le palais lors de la dégustation.

OÙ FAIRE SON MARCHÉ

On trouve la laitue de mer, la salade de *wakamé* (12,95 $ le 500 g et prête à manger), le sel de laitue de mer et les pétoncles à la poissonnerie La Mer à Montréal. À l'épicerie Japonaise Myamoto, rue Victoria à Westmount, on retrouve une grande variété d'algues séchées dont un mélange en sac que j'ai baptisé moi-même – car tout est écrit en japonais sur l'étiquette – « mesclun d'algues ». Il s'agit d'un mélange de cinq algues de couleurs et de formes différentes. Il faut les hydrater un bon 20 minutes avant de les utiliser (25 $ le paquet mais la quantité, une fois hydratée, est impressionnante).

Beaucoup d'épiceries asiatiques comme Lao Indochine et la Montagne dorée à Québec vendent du *kombu* pour réaliser le *dashi* et certaines variétés d'algues comme les *hizikis* (*hizikia fusiformis*) qui sont parfaites pour les salades.

On peut trouver le riz à sushi chez Myamoto. Mon préféré est le Temaki Gold.

Pour les pousses maritimes : www.jardinssauvages.com

Il y a aussi l'algue wakamé (undaria pinnatifida), qui peut atteindre jusqu'à un mètre de long. Elle est très riche en calcium. Au Japon, on la récolte à l'état sauvage depuis cinq siècles. Sa fraîche saveur iodée, sa croquante tendreté et sa texture soyeuse en font une des algues les plus appréciées.

La laitue de mer (*ulva lactuca*) gagne aussi de la popularité. Elle sert à envelopper les poissons avant la cuisson et à confectionner des vinaigrettes et des tuiles salées. François Brouillard, notre sommité au Québec en matière de cueillette de plantes sauvages et maritimes, a popularisé un sel à la laitue de mer, avec lequel on assaisonne poissons et fruits de mer.

En plus des algues, la mer produit ce qu'on appelle des «pousses maritimes», qui ne sont pas des algues mais plutôt des plantes vivaces vivant en bordure de mer. On en retrouve plusieurs variétés dans le Bas-du-fleuve, à partir de Rimouski et tout prêt du Bic, comme le pourpier marin, l'arroche de mer, le plantain maritime, le persil marin (livèche écossaise). Ces pousses sont exquises et se marient bien aux algues. Certaines algues, comme l'agar-agar (*gracilaria verrucosa*), sont très utilisées dans l'industrie agroalimentaire mais aussi, depuis moins de temps, dans les cuisines grâce à leurs propriétés gélifiantes particulières. L'agar-agar a l'avantage de ne pas souffrir de la chaleur, ce qui permet, par exemple, de servir un consommé en gelée chaud. Intéressant, n'est-ce pas?

Il existe plus de 25 000 espèces d'algues répertoriées dans le monde mais seulement une cinquantaine sont agréables au palais. Ça nous suffit.

Je vous offre dans les prochaines pages ma recette de maki de pétoncles aux fraises d'automne que j'ai cuisiné pour mes amis à la pêche. Je l'accompagne d'une salade d'algues et de pousses maritimes assaisonnée avec du vinaigre de riz, de l'huile de sésame grillé et un peu de bonite séché et râpé.

L'ATELIER
et ses secrets

1. Se procurer un cuiseur à riz. C'est un achat intelligent et pas cher à long terme. Vous pouvez en avoir un bon à partir de 50 $.

2. La qualité du riz est très importante. Je suggère la marque Temaki mais il y en a d'autres qui sont aussi de qualité supérieure et donnent un bon résultat.

3. Votre riz cuit de doit pas être trop humide. Bien vérifier vos quantités d'eau avant la cuisson. Après la cuisson, laisser le riz sécher un peu après l'avoir étalé et arrosé de vinaigre sur une tôle.

4. Conserver les algues dans un endroit sec. On peut passer les algues sous une source de chaleur juste avant le roulage pour les assécher encore plus.

5. Il est très important d'étaler une fine couche de riz sur les feuilles d'algues.

6. Un couteau à lame tranchante de type sashimi aide à trancher les maki. Essuyer la lame fréquemment afin que le gluten du riz n'adhère pas à la lame et empêche ainsi le tranchage.

MAKI DE PÉTONCLES

aux fraises d'automne, accompagné
d'une salade d'algues et de pousses maritimes

Entrée pour 4 personnes

LE VIN

Grüner Vetliner

FX Pichler
Wachau, Autriche

Ce domaine est une des plus grandes fiertés autrichiennes.
Quelle union délectable entre la grande minéralité ainsi
que toute la fraîcheur de ce produit septentrional et cette
création culinaire hors pair... Malheureusement encore
méconnu, ce prodige Grüner Vetliner représente plus de
35 % de l'encépagement du vignoble autrichien.

INGRÉDIENTS

Assaisonnement à riz

100 ml (1/3 tasse) de vinaigre de riz

50 g (2 oz) de sucre

20 g (2 oz) de sel de mer fin

Le riz

500 ml (2 tasses) de riz japonais

625 ml (2 1/2 tasses) d'eau

Maki de pétoncles et fraises d'automne

250 g (1 lb) de pétoncles frais

8 fraises d'automne

1 botte de ciboulette

Mayonnaise au wasabi (voir recette) au goût

Mayonnaise au wasabi

125 ml (1/2 tasse) de mayonnaise maison

15 ml (1 c. à soupe) de wasabi

15 ml (1 c. à soupe) d'assaisonnement à riz pour les sushis

15 ml (1 c. à soupe) de tobiko rouge
(œufs de poissons volants)

15 ml (1 c. à soupe) de vinaigrette au sésame

Salade d'algues et de pousses maritimes

60 gr (2 oz) de mesclun d'algues séchées de chez Myamoto
ou 1 paquet d'algues Wakamé séchées

125 ml (1/2 tasse) de salicornes fraîches blanchies
ou en pot dans le vinaigre

125 ml (1/2 tasse) d'arroche de mer

125 ml (1/2 tasse) de concombre en julienne

125 ml (1/2 tasse) de laitue iceberg en julienne

Vinaigrette au sésame

30 ml (2 c. à soupe) de vinaigre de riz assaisonné

15 ml (1 c. à soupe) d'huile de sésame grillé

15 ml (1 c. à soupe) de mirin

15 ml (1 c. à soupe) de sauce soya Kikkoman

45 ml (3 c. à soupe) huile de pépins de raisin

15 ml (1 c. à soupe) de graines de sésame grillées

Sauce piment asiatique au goût

TECHNIQUE

Pour l'assaisonnement à riz

Mélanger tous les ingrédients, les verser dans une casserole et porter à ébullition sur un feu moyen. Laisser bouillir 10 minutes en remuant pour faire fondre le sel. Cet assaisonnement se conserve très longtemps. On peut en acheter un déjà préparé sous le nom de vinaigre de riz assaisonné de marque Maroukan.

Pour le riz

Mettre le riz dans la casserole avec l'eau, démarrer la cuisson avec un couvercle, à feu doux, et laisser cuire 3 minutes. Augmenter l'intensité du feu et poursuivre la cuisson. Laisser cuire 8 minutes à feu moyen. Lorsque l'eau est à ébullition, baisser le feu et laisser cuire à feu doux jusqu'à ce que l'eau s'évapore (environ 10 minutes). Retirer la casserole du feu et déposer un linge humide sur la casserole afin que l'humidité ne retombe pas sur le riz. Replacer le couvercle puis laisser reposer 15 à 20 minutes.

Déposer le riz sur une tôle à pâtisserie et l'humecter avec l'assaisonnement à riz pour le sushi (pas trop, car le riz peut devenir collant) toujours en le remuant avec une cuillère prévue à cet effet afin de séparer les grains et d'enrober chaque grain d'un glaçage brillant. Laisser le riz à la température de la pièce et rouler les makis aussitôt. Ne jamais placer le riz au réfrigérateur.

Pour la mayonnaise au wasabi

Mélanger la mayonnaise avec le wasabi, l'assaisonnement du riz et les œufs de poisson volant. Réserver.

Pour le maki de pétoncles et fraise d'automne

Couper les pétoncles en gros cubes, les déposer dans un petit récipient sur la glace. Utiliser un tapis à sushi en bambou (*makisu*). Déposer une feuille de *nori* dessus et étendre une couche de riz d'environ 120 gr (4 oz) en réservant une languette de deux centimètres (3/4 po) au bout le plus éloigné de vous. Verser une partie des pétoncles au centre du riz et sur toute la longueur du maki.

Couper les fraises en julienne, les déposer sur les pétoncles et y superposer les branches de ciboulette. Verser un trait de mayonnaise au wasabi. Rouler le makisu vers l'extérieur en tassant les ingrédients. Arrêter à la languette de *nori*. Enrouler le rouleau avec le *makisu*, sauf la languette et exercer une pression sur sa surface pour le mettre en forme (cercle, triangle ou carré). Retirer le maki du *makisu*. Couper ce rouleau en deux et chaque moitié de nouveau en deux. Réserver.

Pour la salade et la vinaigrette

Réhydrater les algues dans l'eau froide environ 20 minutes. Les trancher en julienne s'il y a lieu. Mélanger tous les ingrédients de la vinaigrette et arroser la salade de pousses maritimes et d'algues. Bien mélanger. Servir aussitôt avec le maki de pétoncles et de fraises d'automne.

LES COURGES
de l'Halloween !

« C'est l'Halloween ! » Voilà une phrase que vous entendrez sûrement souvent le 31 octobre prochain. Je parie même que vous succomberez aux charmes de ces petits bouts de chou déguisés de mille et une façons qui égaieront votre maison pendant un court moment.

Je me souviens que, quand j'étais petit, je n'aimais pas, injustement probablement, ces voisins qui me demandaient de chanter ou de danser en échange de bonbons, car ça me faisait perdre un temps précieux pour ramasser la quantité de friandises que je m'étais fixée. Le soir, en arrivant à la maison, j'étalais le fruit de ma quête sur mon lit pour contempler mon butin. En regardant toutes ces sucreries, je ne me souvenais jamais trop de qui me les avait données, mais je me rappelais toujours des décors enchanteurs ou effrayants qui ornaient les façades des maisons.

J'attendais cette fête avec impatience pour faire des provisions de bonbons, de tire Sainte-Catherine, de sucettes Life-Savers, de petits sacs-surprises bien garnis, de cigarettes Popeye et de gommes au savon qui me faisaient tant saliver.

J'adorais l'Halloween, car c'était la fête par excellence. Mes parents me permettaient de manger des friandises à ma guise, sans limites... à en être presque malade ! Il me semble encore les voir sourire lorsque je disais « Maman, je crois que j'ai mal au cœur ».

Après toutes ces années, l'Halloween symbolise toujours pour moi la générosité, un acte social où l'on donne sans compter aux enfants. C'est pour ça que je me fais un devoir de perpétuer cette tradition en décorant la maison chaque année avec mes enfants, Laurie et Raphaël, depuis leur tout jeune âge, pendant que ma compagne, Suzanne, prépare les sacs de friandises.

La dernière Halloween fut d'ailleurs mémorable à tous les points de vue.

Comme j'essaie de me surpasser d'une année à l'autre pour épater mes enfants, je me suis rendu au marché du Vieux-Port de Québec pour choisir les plus belles citrouilles. J'en ai pris une douzaine assez grosses, et aussi quelques potimarrons.

...LE POTIMARRON A UN GOÛT PRONONCÉ DE MARRON ET UNE TEXTURE IDÉALE POUR LES TARTES...

Les potimarrons sont plus petits que les citrouilles. Ils pèsent environ 1,5 kilo chacun et ils sont d'une belle couleur rouge orangée. Le potimarron a un goût prononcé de marron et une texture idéale pour les tartes. J'ai aussi acheté quelques minici-trouilles (une vingtaine), qui ont plus tard servi de petits bols à soupe pour un potage bien crémeux à la citrouille (en passant, c'est une bonne idée pour ceux qui veulent servir quelque chose aux enfants, pour les réchauffer, après leur randonnée nocturne).

Finalement, j'ai rapporté toutes ces citrouilles et potimarrons à la maison et nous avons entrepris, Laurie, Marie-Ève (une copine de Laurie remplaçant Raphaël, qui nous a abandonnés en voyant la quantité démesurée de citrouilles) et moi-même, la tâche de toutes les décorer.

Comme à l'habitude, on a commencé par dessiner ce que nous allions éventuellement couper sur les citrouilles pour ensuite tailler leurs calottes afin de les vider de leurs graines.

Nous adorons déguster les graines de citrouille. On les débarrasse de leurs filaments, on les assèche sur du papier absorbant et on les cuit au four pendant 1 h à 350 °F (180 °C). Ensuite, on les sale ou on les saupoudre de sucre et de cannelle. C'est merveilleux et l'odeur se répand dans toute la maison !

Ensuite, nous avons taillé les citrouilles selon les dessins et on les a décorées en enfonçant une petite carotte dans leur nez, des bouquets de brocoli dans les oreilles. On peut aussi faire des cheveux avec des lanières de vert de poireaux. Le tout nous a pris trois soirées après l'école ! En plus, la neige s'est mise de la partie... Nous avons donc dû nous dépêcher pour qu'elle ne recouvre pas complètement les feuilles dont nous avions besoin pour remplir les sacs en forme de créatures géantes. Et nous nous sommes gelé les mains pour accrocher les sorcières et les fantômes dans les arbres...

Nous avons bien rigolé, nous avons fini un peu épuisés. Mais quelle belle aventure, et quel beau prétexte pour passer un peu de temps avec les enfants ! La chance que j'ai de pouvoir m'amuser avec eux me fait apprécier la vie et redécouvrir l'Halloween chaque fois !

Faites preuve de courage et d'imagination pour la prochaine Halloween ! Sortez un vieux pantalon et une chemise à carreaux de votre placard et fabriquez un épouvantail que vous remplirez de foin. Amenez vos enfants au marché pour leur faire choisir leurs propres citrouilles. De nombreuses courges ou citrouilles décoratives les amuseront à cause de leurs formes originales et serviront à faire de jolies décorations de table. Préparez avec eux la crème brûlée au potimarron et au sucre d'érable que je vous propose. N'ayez pas peur de les inclure dans votre processus de création... Les efforts que vous ferez pour les rendre heureux vous combleront de bonheur, et vous leur laisserez ce qui a le plus de valeur à mes yeux : leurs plus beaux souvenirs.

CRÈME BRÛLÉE
au potimarron et au sucre d'érable

Pour 4 personnes

INGRÉDIENTS

1 courge potimarron de 1,5 kg (3 lb)
(vous aurez besoin du quart environ pour
extraire 250 ml (1 tasse) de jus pour la préparation)
150 g (5 oz) de sucre
4 jaunes d'œufs
1 œuf entier
2,5 ml (1/2 c. à thé) de cinq-épices chinois
125 ml (1/2 tasse) de crème 35 %
60 ml (4 c. à soupe) de sucre d'érable

Minicitrouilles

4 minicitrouilles
750 ml (3 tasses) d'eau
750 g (1 1/2 lb) de sucre

LE VIN

Vidal Icewine
Konzelmann
Péninsule du Niagara, Canada

Quelle palette aromatique à couper le souffle! Un produit délectable! On pourrait presque croire à de l'or liquide avec une charge en sucre résiduel monumentale. Nous en avons évidemment besoin pour cette divine sucrerie.

Les gens de la péninsule du Niagara diront: « A match made in heaven ».

TECHNIQUE

Préchauffer le four à 250 °F (120 °C). Peler le potimarron, le couper en deux et gratter l'intérieur pour en retirer les graines et les filaments. Détailler la chair en gros cubes.

Passer une partie de la chair à l'extracteur à jus et récupérer 250 ml (1 tasse) de jus. Utiliser le reste de la chair pour faire une confiture. Faire chauffer ce jus avec 75 g (2,5 oz) de sucre jusqu'à la première ébullition.

Mélanger les jaunes d'œufs avec l'œuf entier et le reste du sucre et ajouter le liquide chaud sur le mélange en fouettant sans faire mousser. Ajouter le cinq-épices et la crème, mélanger délicatement et verser dans les minicitrouilles ou dans des ramequins en porcelaine ou en verre de 150 ml (5 oz).

Cuire au four à 250 °F (120 °C) durant 30 minutes environ pour les ramequins et 45 minutes, voire 1 heure, dans les minicitrouilles. Après la cuisson, laisser tiédir puis réfrigérer. Au moment du service, saupoudrer d'une généreuse couche de sucre d'érable et la brûler à l'aide d'un petit chalumeau à crème brûlée ou tout simplement avec un chalumeau pour la soudure, en éloignant la flamme au début pour faire fondre le sucre puis en vous rapprochant graduellement pour brûler légèrement.

Note: Pour ceux qui n'ont pas d'extracteur à jus: faire cuire la chair de potimarron dans un mélange d'eau et de sucre avant de la passer au mélangeur avec une petite quantité du sirop de cuisson pour en faire un coulis de fruit bien onctueux. En utiliser un peu plus d'une tasse pour remplacer le jus et le sucre de la recette.

Préparation des minicitrouilles

Couper les calottes et gratter l'intérieur. Faire un sirop avec l'eau et le sucre et porter à ébullition. Retirer du feu, déposer aussitôt dans le sirop les minicitrouilles évidées avec leurs calottes. Déposer une assiette sur les citrouilles dans le sirop chaud afin qu'elles ne remontent pas à la surface. Laisser reposer dans le sirop chaud, toujours hors du feu, durant environ 1 heure, puis les retirer du sirop. Placer à l'envers sur une grille pour les égoutter. Les remplir de la préparation et les faire cuire sur une tôle à pâtisserie avec un peu d'eau au fond.

SAVIEZ-VOUS QUE...

Les citrouilles sont les fruits les plus lourds du monde végétal? On en a déjà recensé une qui pesait 200 kilos et faisait un mètre de diamètre. Chaque année dans plusieurs marchés de la province, on organise des concours pour couronner les plus grosses. On a déjà vu, dans notre joli marché du Vieux-Port, une citrouille de plus de 150 kilos, cultivée par France Marcoux, qui a d'ailleurs remporté la palme cette année-là. Je me souviens qu'il y en avait une qui était presque aussi grosse mais blanche, une Atlantic Giant, variété assez rare.

Ce légume-fruit est originaire d'Amérique du Sud. On a trouvé des traces de son utilisation 1 200 ans avant notre ère. Les citrouilles et les courges sont de la même famille, les cucurbitacées, et sont classées en deux catégories: la première à pédoncules cylindriques (*cucurbita maxima*) pour les citrouilles et potirons, et la deuxième à pédoncules angulaires (*cucurbita pepo*) pour les courges. Si vous voulez en savoir plus sur les différentes variétés, il existe à Saint-Joseph-du-Lac, près d'Oka, un centre d'interprétation de la courge. C'est un endroit magnifique à découvrir par un beau dimanche après-midi d'automne. Profitez-en pour initier vos enfants au monde fantastique des courges et des citrouilles! Le centre est ouvert sept jours sur sept, de 9 h à 17 h chaque automne.

www.courge-quebec.com
839, chemin Principal, Saint-Joseph-du-Lac,
(450) 623-4894

TOMBER DANS...
vos pommes

Lorsque la première neige tombe dans les vergers en novembre, je ne peux m'empêcher de faire le parallèle avec les pommiers en fleurs au printemps. Les vergers se transforment en un jardin zen, un endroit magique où règnent le silence et la paix, un lieu idéal pour mijoter dans ma tête de nouvelles recettes aux pommes.

Après les nombreuses cueillettes du mois d'octobre, on se demande que faire avec les pommes accumulées dans le frigo et qui débordent jusqu'sur le comptoir de cuisine. C'est le temps idéal pour les transformer parce que les pommes ont tendance, dans les semaines suivant leur cueillette, à perdre de leur saveur et de leur croquant, surtout si elles ne sont pas entreposées adéquatement.

On peut manquer d'enthousiasme pour les cuisiner après quelques semaines. Vous en avez tellement mangé que vous ne pouvez plus les voir! Cela arrive fréquemment avec les produits de saison que l'on trouve en abondance pendant une période précise de l'année.

Plus souvent qu'autrement, l'abondance de ces produits est une source d'inspiration pour créer de nouvelles recettes, mais dans certains cas, elle peut devenir un élément de gaspillage si on attend trop longtemps. Alors il faut tomber... dans vos pommes avant qu'elles ne perdent toute leur fraîcheur. Je vous invite à vous joindre à moi pour rendre hommage à ce fruit savoureux qui mérite toute notre attention et notre respect.

...LE SIMPLE FAIT DE CROQUER
DANS CE FRUIT FRAÎCHEMENT
CUEILLI ME DONNE LE GOÛT
DE LE CUISINER...

POMME DE REINETTE OU POMME D'API...

Lorsque je prends une pomme, que je ferme les yeux en mordant dedans à pleines dents, je sens une explosion de saveurs et de jus qui enrobent aussitôt mes papilles gustatives. Le simple fait de croquer dans ce fruit fraîchement cueilli me donne le goût de le cuisiner.

Je n'ai qu'à sentir une pomme pour être transporté dans le temps, dans les vergers du patelin où j'ai grandi. Je me vois, haut comme... trois pommes, grimpant au sommet d'un gigantesque pommier MacIntosh situé juste à côté de la maison. Suspendu à la plus haute branche et en parfait équilibre avec la vie, j'attrape la plus grosse, la plus rouge. Fier de ma prise, je m'empresse de l'engloutir avant de redescendre.

J'entends encore ma mère qui, sur la galerie du deuxième étage de la maison, lance : «Daniel vient souper». Pris au piège, les pommettes rouges et le nez juteux, je m'empresse de rentrer à la course, sachant que j'ai intérêt à manger tout mon repas, même si je n'ai plus très faim.

Quand j'étais gamin, ma recette préférée était les pommes au four de maman, qu'elle remplissait de cassonade et de beurre frais salé pour ensuite les déposer dans un plat de verre au four. L'odeur de pommes caramélisées dans la maison me rendait joyeux et me réconfortait. Pour me faire plaisir, elle y ajoutait une touche de crème chantilly qui fondait dessus... Hum !

Un vrai délice qui met la pomme en valeur et dont le goût est difficile à surpasser. Quelle belle leçon d'humilité pour un chef ! Parfois, on a tendance à compliquer les choses, à masquer, à dénaturer le produit, on passe alors à côté de l'essentiel... la pureté du goût ! Nos souvenirs gustatifs sont parfois profondément imprégnés dans notre mémoire. À nous de faire appel à nos sens et d'y puiser de bonnes idées pour alimenter notre quotidien.

Pour bien réussir vos recettes, vous devez garder en tête que chaque variété de pomme possède des particularités qui lui sont propres. C'est donc à vous de faire le bon choix, «pomme de reinette ou pomme d'api».

DANS MA CUISINE

Les pommes sont excellentes dans la cuisine vu leur apport en acidité. Je découpe la Spartan en petits cubes que je saute au beurre avec des champignons sauvages et un peu de romarin frais. J'associe une poêlée de foie gras, de l'Oie Naudière, avec cette garniture délectable puis une sauce aux pommettes et à la gelée de sapin vient rehausser le tout.

La Délicieuse jaune permet de préparer une purée de pommes à l'ail doux qui aura une belle texture après la cuisson et qui accompagne bien les gibiers comme le caribou ou encore le cerf. Et que dire de ma vinaigrette au jus de pommes et cari qui s'harmonise parfaitement avec le saumon fumé laqué à l'érable.

Certains légumes, comme les topinambours, les céleris-raves et les rabioles, se marient à merveille avec la pomme. Jumelés, ils permettent de cuisiner de savoureux potages et des purées exquises.

Je prépare à l'occasion un millefeuille avec des tranches de pommes Granny Smith légèrement poêlées et des tranches de cœur de brie. Un léger passage au four suffit pour que le fromage devienne coulant. Je verse autour un sirop que je concocte avec des raisins et du vin liquoreux. Je les laisse mijoter et lorsqu'elles prennent une belle texture lisse, je les passe au chinois.

Pour faire un clin d'œil aux recettes de mon enfance, j'ai créé une version de la pomme au four en remplissant la cavité des Lobo avec un sirop à base de sucre et d'un fin mélange d'épices : cardamome, poivre rose, girofle et cannelle... c'est à se rouler sur un tapis de feuilles mortes !

Une fois où je recevais des amis à la maison, j'ai décidé de leur faire en vitesse des crêpes aux pommes avec l'aide de mon ami Stéphane, qui, je dois avouer, pelait les pommes Cortland de façon magistrale, mais pas assez pour n'avoir qu'une seule pelure ! Ce au grand désarroi d'Annie sa copine, car cela aurait signifié un mariage dans un proche avenir... selon la superstition bien sûr !

Alors pendant qu'ils discutaient de leur avenir, j'ai fait une pâte à crêpes ; j'en ai cuit quatre grandes que j'ai déposées sur mon plan de travail. J'ai confectionné ensuite une crème anglaise en deux temps trois mouvements. J'ai par la suite chauffé une poêle avec du sucre granulé et une fois arrivé au caramel, j'y ai plongé les quartiers de pommes que Stéphane avait coupés. Une fois bien caramélisés et légèrement compotés, je les ai déposés au milieu des crêpes et j'ai déglacé le fond de la poêle avec de la crème fraîche pour « décuire » mon caramel. Il ne me restait qu'à plier les crêpes et les déposer dans des assiettes creuses entourées de crème anglaise encore chaude et finaliser en les nappant de caramel onctueux.

Pendant quelques années, j'ai travaillé dans mon resto avec un super chef pâtissier, Thierry Rogosonski. Il m'a enseigné beaucoup de tours de main dont le secret de la réussite d'une vraie tarte Tatin, comme il la préparait en Angleterre avec monsieur Roux, propriétaire d'un Relais Château trois macarons, nommé Waterside Inn à Bray-on-Thames, à 40 km de Londres. Une recette assez simple et très savoureuse, mais qui demande un certain savoir-faire. Ce sont des moitiés de pommes que l'on dépose sur une panade de beurre et de sucre vanillé (que je fabrique avec de la merveilleuse vanille qu'un ami m'envoie de Tahiti) et que l'on cuit doucement sur le feu avant d'y déposer une abaisse de pâte feuilletée. Le mélange pomme-vanille est raffiné et subtil, surtout si on fait attention à la dose de vanille. Ce doux mélange allie l'exotisme à une saveur bien de chez nous. J'adore le contraste des différentes cultures. La tarte Tatin est un chef-d'œuvre en soi. On doit la cuisiner avec amour et prendre le temps qu'il faut pour chaque étape. Vous aurez certainement du plaisir à la réaliser et surtout à la déguster. Le choix d'ustensiles de cuisson, le dosage des ingrédients et la variété de pommes entrent en ligne de compte.

L'ATELIER
et ses secrets

1. Un moule à tarte Tatin de 35,5 cm (14 po) sans poignée (celui que je possède est en cuivre et l'intérieur est étamé) à fond assez épais. Je me souviens qu'à une certaine époque, j'utilisais un moule à génoise en aluminium de 30 cm (12 po), ce qui réduit évidemment le nombre de pommes nécessaire. Une poêle en cuivre de 35,5 cm (14 po) peut aussi faire l'affaire.

2. Rouleau à pâte.

3. Économe pour peler sans briser la forme ronde de la pomme.

4. Vide-pomme pour évider.

5. Pinceau pour badigeonner.

OÙ FAIRE SON MARCHÉ

Comme vous le savez, les pommes sont vendues en abondance dans tous les marchés l'automne. Au Québec, on a la chance de pouvoir en acheter d'excellentes pendant toute l'année, car de plus en plus de producteurs se soucient de la qualité gustative. Le nombre de variétés de pommes sur le marché ayant des périodes de maturité différentes a beaucoup augmenté. Il y a donc plus de pommes à point tout au long de l'année.

Je vous suggère quand même de bien les choisir et d'acheter des pommes possédant les qualités nécessaires à la conservation, en considérant les valeurs nutritives et gustatives.

Il faut choisir des pommes non ridées, sans meurtrissures, fermes et à la peau brillante. Un fruit trop mûr ou pas assez est terne. Pour évaluer le degré de maturité d'une pomme, on doit donner une chiquenaude près de la queue; si le son est sourd, la pomme est à point. Si les pommes ne sont pas assez mûres, laissez-les à la température de la pièce, en les surveillant bien sûr car elle mûrissent 10 fois plus vite ainsi.

Pour les conserver le plus longtemps possible au frigo, je vous suggère de les mettre dans le tiroir à fruits, dans un sac perforé pour laisser l'humidité s'échapper.

Pour obtenir une longue période de conservation, il est conseillé de les préserver de la lumière toujours dans des sacs perforés placés à une température entre 34 °F et 39 °F (0 et 4 °C), à un taux d'humidité très élevé (85 à 90 %) pour retarder la déshydratation.

La pomme est un fruit chargé de symboles : pomme de la tentation pour Ève et Blanche-Neige, pomme d'or pour les alchimistes, pomme de discorde pour la guerre de Troie.

Dans la mythologie celtique, les dieux et les héros se reposaient toujours à côté des pommiers.

Il existe plus de 6 000 variétés de pommes connues dans le monde. Pourtant, seulement une vingtaine de variétés sont cultivées par les producteurs, la plupart en raison de leur résistance aux maladies et leur productivité.

Le pommier fait partie de la famille des rosacées, il ne consent à être productif que si le pollen d'une autre variété vient le féconder. Le vent et les abeilles se chargent à merveille de faire ce travail. C'est pourquoi il est conseillé d'avoir plusieurs variétés de pommiers dans un même verger.

Du point de vue nutritionnel, la pomme contient des sels minéraux (potassium) et vitamine C. Elle est riche en fibres (pectine) et aurait un effet favorable sur le transit intestinal.

La majeure partie des nutriments se logent sous la pelure, c'est pourquoi on devrait la consommer autant que possible avec celle-ci.

Des études récentes ont démontré qu'elle entraînerait aussi une diminution significative du cholestérol sanguin. « Une pomme chaque matin éloigne le médecin », dit un dicton anglais. En plus, la pomme posséderait des propriétés anti-rhumatismales, renforcirait le tonus musculaire et servirait de décongestionnant hépatique. Finalement, crue, elle nettoie les dents et masse les gencives.

TARTE TATIN
au caramel vanillé de Tahiti

Pour 6 personnes

INGRÉDIENTS

Sucre vanillé

2 gousses de vanille de Tahiti

250 g (1/2 tasse) de sucre granulé

Tarte

250 g (1 lb) de beurre demi-sel

De 10 à 15 pommes Délicieuses jaunes ou Redcort (selon le moule)

Jus de 1/2 citron

250 g (1/2 lb) de pâte feuilletée

1 jaune d'œuf

15 ml (1 c. à soupe) de lait

60 ml (4 c. à soupe) de crème sûre

Glace vanille (facultatif)

LE VIN

Cidre de glace Neige
La face cachée de la pomme
Hemmingford, Canada

Quoi de mieux que l'acidité d'une pomme pour confronter le sucré d'une autre pomme… !

Ce dessert nécessite un produit muni d'une bonne charge en sucre. Des effluves de vanille et de poire Golden, une attaque en bouche sphérique et une texture des plus juteuses.

TECHNIQUE

Pour le sucre vanillé

Couper la gousse de vanille en deux et gratter les graines avec la pointe d'un couteau et les mélanger à 300 g (1 1/3 tasse) de sucre fin granulé. Enfouir les moitiés de gousses de vanille dans le sucre. Cette étape peut se faire à la dernière minute, mais il est préférable de le faire quelques jours à l'avance pour que le sucre prenne bien le goût de la vanille. Un bocal en verre fait bien l'affaire. Conserver la préparation à la température de la pièce, avec le couvercle fermé bien étanche et dans un endroit sec.

Pour la tarte

Préchauffer le four à 375 °F (190 °C) pour la convection et 425 °F (210 °C) pour un four conventionnel. Mettre le beurre demi-sel à tempérer et le battre. On doit pouvoir le travailler comme une pommade. L'étendre sur toute la surface du moule ou de la poêle (35,5 cm ou 14 po) de façon uniforme (environ 1 cm ou 5/8 po d'épaisseur). Retirer les demi-gousses de vanille et saupoudrer le sucre vanillé sur toute la surface du beurre. Peler les pommes et les évider à l'aide d'un vide-pomme (prendre soin que tous les pépins et les résidus des cœurs soient retirés et bien citronner l'intérieur de celles-ci pour éviter l'oxydation), puis les couper en deux.

Disposer les demi-pommes sur le mélange beurre-sucre, debout et côte à côte en commençant par l'extérieur et faire un tour complet. Les enfoncer légèrement dans le beurre pour les maintenir en place du début à la fin, normalement la dernière demi-pomme devrait entrer à la serre. Faire de la même façon pour la partie centrale du moule. Déposer le moule ou la poêle de 35,5 cm (14 po) directement sur le feu, de moyen à fort, jusqu'à ce que le caramel commence à blondir sous les pommes. Cela peut prendre jusqu'à 20 minutes. Retirer du feu et laisser tempérer 10 minutes.

Pendant ce temps, étendre votre pâte feuilletée en un cercle de 40,5 cm (16 po) qui dépassera au moins de 2,5 (1 po) votre moule. Étendre la pâte sur les pommes et replier le contour pour former un rebord plus épais. Badigeonner la pâte de dorure et enfourner pendant 30 minutes, le plus bas possible dans le four. Quand la pâte est bien dorée, sortir la tarte Tatin du four et la laisser reposer une quinzaine de minutes, le temps qu'elle absorbe le caramel.

Préparer un plateau ou une assiette de cloche à dessert. Poser l'intérieur sur la tarte et d'un mouvement rapide, retourner le plateau à l'envers. La pâte feuilletée se retournera en-dessous et les pommes caramélisées au-dessus. Servir avec de la crème sûre fraîche et une glace vanille. Bon appétit !

LA FOLIE
du foie gras

Je sais, je sais! Vous allez encore me dire que c'est trop riche, trop gras, trop cher mais c'est plus fort que moi, le foie gras est une vraie folie! Je ne peux m'empêcher d'en parler et encore moins d'en manger. Que ce soit le jour, la nuit, seul ou avec mes amis, au resto ou à la maison, je ne peux m'en passer. Je suis accro. Quand on me demande quel mets je choisirais pour mon dernier repas sur cette Terre, je m'empresse de répondre : «Une poêlée de foie gras de canard aux fruits exotiques». Avec un tel plat, je pourrais partir pour l'éternité repu. Ma première rencontre avec cette divinité remonte à une vingtaine d'années...

C'était l'automne et je venais d'être embauché pour la première fois comme chef, à 23 ans. Mon nouveau patron, fin gastronome, vouait un culte au foie gras et à la façon de le déguster. «Tu le fais éclater en le pressant entre ta langue et ton palais, tu le laisses fondre, me disait-il en faisant rouler ses «r». Tu peux ainsi apprécier toute sa finesse et son onctuosité. Ça goûte le ciel!» Une expression que j'utilise encore aujourd'hui quand je goûte à quelque chose d'exceptionnel.

Gourmand et curieux, je me suis alors mis à tout lire sur le foie gras afin de le cuisiner convenablement. J'ai aussi testé plusieurs produits en conserve sur le marché qui m'ont laissé perplexe.

Quelques mois plus tard, à ma première journée de stage en France, j'ai été accueilli par l'équipe de cuisine avec une tarte de foie gras, cuit au torchon, parsemée d'une gelée de sauternes. J'ai pensé m'évanouir tellement c'était divin! Pas étonnant que le célèbre Casanova ait comparé sa texture sensuelle à un sein de femme... J'ai compris à cet instant ce que mon patron tentait de m'expliquer avec des mots, mais qui ne pouvait se traduire qu'en goûtant à un vrai foie gras cuisiné par des experts.

Je voulais connaître tous les secrets du foie gras de canard cuit au torchon, probablement l'une des dix merveilles de la cuisine française. De retour au Québec, j'ai pu enfin le cuisiner pour le plus grand plaisir de mon patron et de sa clientèle raffinée. Même le grand chef Serge Bruyère venait en manger à l'époque. C'est là d'ailleurs que notre collaboration a commencé; je suis allé travailler pour lui pendant trois ans. Un jour que je préparais des foies gras pour le temps des fêtes, il m'a fait cette remarque : «Ça prend un petit Québécois pour me montrer comment faire du foie gras cuit au torchon». Un beau compliment qui devrait vous rassurer sur le goût exquis de la recette que je vous présente aujourd'hui.

...JE VOUS RECOMMANDE DE BOIRE DES VINS DOUX LIQUOREUX COMME LES SAUTERNES OU LES COTEAUX DU LAYON DONT LE MOELLEUX S'ASSOCIE MERVEILLEUSEMENT À L'ONCTUOSITÉ DU FOIE...

Étant donné son coût élevé, il importe de bien choisir son foie gras et de l'acheter le plus frais possible, soit peu de temps après l'abattage. Méfiez-vous des dates inscrites sur les emballages, car les commerçants présentent le foie gras sous différentes formes, comme l'escalope. L'idéal est de l'acheter directement du producteur si vous ne connaissez pas un bon boucher expérimenté en cette matière. Il faut bien vérifier sa souplesse : si le foie est dur comme une livre de beurre, il aura tendance à fondre pendant la cuisson. Un bon test consiste à presser légèrement sur un lobe avec son pouce. L'empreinte doit s'effacer progressivement.

Le foie gras de canard est d'une belle couleur blanc crème. Je préfère ceux dont le poids varie entre 450 et 500 grammes.

Le foie gras est synonyme de plaisir des sens. Dans les *Règles et Préceptes de santé*, Plutarque (écrivain grec, né 50 ans av. J.-C.) affirmait qu'une «nourriture prise avec plaisir dissipe aussitôt tous les malaises et remet la nature en son état». Pour ma part, je crois que le plaisir de manger se transforme en émotion lorsque la nature est habilement préparée. Alors n'attendez plus, partez à la découverte du foie gras pour le plus grand bonheur de vos papilles gustatives.

TERRINE
de foie gras de canard

Pour 8 à 10 personnes

SAVIEZ-VOUS QUE...

Les maladies cardiovasculaires sont moins fréquentes en France, plus particulièrement dans le sud où l'on consomme une quantité considérable de foie gras par habitant ? On lui reconnaît aujourd'hui les vertus d'une bonne huile d'olive, sans gras saturé. Il possède les mêmes propriétés, dont celle de diminuer le mauvais cholestérol dans le sang et d'en augmenter le bon.

Les canards et les oies sont des oiseaux migrateurs qui ont tendance à se suralimenter naturellement (un peu comme nous). En raison de leurs déplacements sur de longues distances, souvent sans manger, ces palmipèdes ont développé une faculté particulière qui leur permet de stocker leur gras pour faire des réserves. Mais pas suffisamment pour faire du foie gras, que l'on obtient en utilisant une méthode datant de l'Antiquité. Les canards et les oies (seulement les mâles) sont engraissés par gavage, en général avec du maïs blanc ou jaune. Le foie peut alors atteindre jusqu'à dix fois sa taille.

INGRÉDIENTS

2 foies gras de canard (500 g (1 lb) chacun)
pour un total de 1 kilo (2 lb)

14 g (1/2 oz) de sel fin

Une bonne pincée de poivre blanc moulu

30 ml (2 c. à soupe) de cognac

60 ml (1/4 tasse) de vin doux liquoreux

Pour accompagnement, voir le chutney
aux pommes et canneberges, page 51.

LE VIN

Coteaux du Layon
Moulin Touchais
Loire, France

Au diable les classiques sauternais et allons plutôt faire un
tour en pays angevin avec ce produit d'une finesse très subtile.

Issu de Chenin blanc vendangé tardivement, il exprime de
délicates effluves de cire d'abeille et d'aguichantes notes
de pommes compotées.

TECHNIQUE

Tremper les foies dans de l'eau glacée au régrigérateur durant 1 à 2 heures
pour les dégorger, puis assécher. Sortir les foies du réfrigérateur une heure
à l'avance. Séparer les deux lobes. Dénerver chaque lobe en tirant sur les
nerfs et sur les veines qui apparaissent à la base. Cette étape se fait doucement en suivant les nerfs avec le manche d'une cuillère à thé pour ne pas
abîmer le foie gras. Déposer les lobes dans des plats en verre rectangulaires
et les saupoudrer de sel et de poivre sur les deux côtés. Arroser les lobes
avec le cognac et le vin liquoreux, puis recouvrir d'une pellicule en plastique
et laisser mariner durant 12 heures. Diviser le foie gras en quatre morceaux
(250 g ou 1/2 lb), placés chacun dans un sac en plastique. Nouer les sacs
pour les fermer hermétiquement.

Pour la cuisson

Tempérer les lobes dans les sacs durant environ 30 minutes. Chauffer 3 litres
(12 tasses) d'eau dans une casserole jusqu'à ce que la température atteigne
155 °F (70 °C) à 175 °F (80 °C). Déposer les sacs dans l'eau pendant
12 minutes, puis les retirer. Ouvrir les sacs et égoutter les foies mi-cuits dans
une passoire. Récupérer le gras de canard dans un récipient et le mettre au
froid. Remplir une terrine en fonte émaillée avec les morceaux de foie gras,
en prenant soin de les placer bien à plat. Recouvrir la terrine d'une pellicule
de plastique. Découper un morceau de plastique rigide ou une plaquette de
bois et la placer à plat sur les foies à l'intérieur des rebords de la terrine.
(J'utilise en plus quatre livres de beurre bien réparties pour que les foies soient
bien pressés.)

Mettre la terrine au réfrigérateur sur une tôle à pâtisserie pour au moins 24 heures.
(Cela évite que l'excédent de gras de la terrine ne se répande sur les étagères
du frigo.) Une fois la terrine bien pressée, retirer les poids et la pellicule puis faire
fondre le gras de cuisson et en verser une fine couche à la surface de la terrine
pour la sceller. Remettre au frigo jusqu'à son utilisation.

Note: Cette terrine peut se conserver quelques semaines si elle est bien
scellée, ce qui vous permettra de la préparer à l'avance pour des occasions
spéciales comme Noël ou le nouvel An. Pour la démouler, vous n'aurez qu'à
tremper la terrine légèrement dans l'eau chaude puis à passer la lame d'un
couteau entre la terrine et le foie gras et à renverser sur une planche à
découper. Vous pouvez aussi prendre directement le foie gras dans la terrine
et la remettre au frigo après chaque utilisation. Prenez soin toutefois de mettre
une pellicule de plastique sur la partie non scellée.

SAVIEZ-VOUS QUE...

Le coût du foie gras en terrine ou au torchon est
d'environ 20 $ le 100 g (un peu plus de 3 oz) et de
10 $ le 100 g pour le foie gras frais, prêt à poêler.
Pour accompagner le foie gras au torchon, je vous
recommande de boire des vins doux liquoreux
comme les sauternes ou les coteaux du Layon dont
le moelleux s'associe merveilleusement à l'onctuosité
du foie. Certains Jurançons sont aussi exceptionnels.
Par leur pointe d'acidité, ils réveillent certains arômes
du foie gras.

Les vins de vendange tardive ou les vins de glace
canadiens du Niagara sont aussi à recommander.
À mon goût, il n'y a rien de mieux pour accompagner un foie gras qu'un champagne de quelques
années, voire d'une décennie comme un Krug ou
un Don Ruinart. Le foie gras se savoure frais mais
pas glacé; il faut le sortir du frigo une demi-heure
avant de le servir. Pour le couper, on utilise un
couteau à lame fine qu'il faut tremper dans l'eau
chaude et essuyer après la coupe de chaque
tranche. Le foie gras ne se tartine pas; on le déguste
sur du pain de campagne ou brioché légèrement
grillé. Il est préférable de le servir au début du repas
pour ne pas atténuer la subtilité de ses arômes et
de le savourer en petite quantité, vu sa richesse.

MON GOÛT
pour le fromage

« Quand j'étais petit, je n'étais pas grand », dit la chanson. C'est vrai que j'étais le plus petit de ma classe mais ce n'était pas parce que je me privais de nourriture. J'étais tellement gourmand que ma mère ne prenait même pas le temps de s'attabler avec mes deux sœurs et moi, car j'en redemandais aux cinq minutes. Le matin, avant de partir pour l'école, je pouvais avaler jusqu'à six rôties généreusement tartinées de Cheez Whiz. Je monopolisais le grille-pain. Mais c'est probablement à cause de ce Cheez Whiz que j'ai acquis le goût du fromage !

Quand je fouillais dans le frigo familial, j'y trouvais aussi, bien sûr, des petits triangles de fromage de La vache qui rit et on avait droit à notre part de cheddar P'tit Québec avant le souper. Pour les grandes occasions, on mangeait du fromage en grains de la fromagerie Saint-Fidèle, qui existe toujours dans la belle région de Charlevoix.

Les années ont passé et je me suis mis à bouder les fromages dits « raffinés », des magasins des grandes chaînes d'alimentation. Même qu'au début de mes cours de cuisine, mon goût pour le fromage s'est estompé. Pourtant, j'étais plutôt du genre à goûter à tout. Puis un jour, j'ai participé à un échange franco-québécois en compagnie de deux apprentis cinéastes. Mon premier voyage en France !

Je travaillais dans un restaurant rue Georges IV, à Paris, qui s'appelait Marius et Jeannette. L'après-midi, durant mes temps libres, je partais à la découverte de la ville avec des copains. On s'arrêtait dans des petits marchés pour acheter de quoi manger. Je vois encore ces étals de fromages, de charcuteries, de pains et de pâtisseries. De quoi prendre du poids juste à les regarder !

Par un bel après-midi du mois de mars, un peu trop froid pour manger à une terrasse, nous avions décidé d'apporter notre festin à l'hôtel pour le déguster. Un peu pressés de retourner travailler, nous avons laissé les fromages sur le bord d'une grande fenêtre qui nous servait de table. À notre retour, en fin de soirée, en entrant dans ma chambre, une forte odeur embaumait la pièce. C'était l'odeur d'un bon fromage fermier. Mais à cette époque, je pensais comme ma fille Laurie, qui dit souvent : « Papa, tes fromages y puent ! »

Sur le bord de cette fenêtre, il y avait un camembert, un Pont Lévesque et un Brie de Melun qui, après quelques heures d'ensoleillement, débordaient de leurs croûtes et coulaient dans les assiettes. C'était tellement invitant ! J'ai trempé généreusement un bout de baguette dans chaque fromage. Comme on dit, je suis tombé dedans avec gourmandise, coupable de ne pas en laisser à mes amis.

...AU DÉBUT DES ANNÉES 80, LES FROMAGES AUX LAITS CRUS ÉTAIENT RARES AU QUÉBEC, VOIRE INEXISTANTS. IL A FALLU ATTENDRE LES ANNÉES 90 POUR ENFIN POUVOIR EN ACHETER...

Ce jour-là, j'ai compris ce qu'est un bon fromage au lait cru, et je ne l'ai jamais oublié.

À mon retour au Québec, au début des années 80, les fromages aux laits crus étaient rares au Québec, voire inexistants. Il a fallu attendre les années 90 pour enfin pouvoir en trouver.

C'est grâce à la passion de Pierre-Yves Chaput, qui débutait alors dans l'importation des premiers laits crus français, que nous avons commencé à évoluer dans ce domaine au Québec et que j'ai retrouvé les saveurs que j'avais tant appréciées en France. Je me souviens particulièrement de sa fourme d'Ambert, de ses époisses de Bourgogne, de ses chèvres cendrés comme le saint-maure. Quel délice !

Avec tout son savoir venu de France, Pierre-Yves a mis au point par la suite plusieurs grands fromages québécois au lait cru en compagnie d'autres maîtres fromagers.

Aujourd'hui, on fabrique d'excellents fromages dans toutes les régions du Québec : le pied-de-vent des Îles-de-la-Madeleine, le Barbu de Lanaudière, le Riopelle de l'Île-aux-Grues, la tomme des Joyeux fromagers dans Chaudière-Appalaches, le bleu de la Moutonnière dans les Bois Franc, le valbert et le kénogami au Saguenay—Lac-Saint-Jean, le ciel et le migneron de Charlevoix, le cru du clocher en Abitibi... et tous se retrouvent sur ma table à tour de rôle.

Pour vous, je les cuisine avec amour. Un peu de Riopelle sur une tranche de pain aux raisins grillée, servie avec une fondue de pomme à la crème ou un petit barbu en papillote avec de la fleur de thym, des tranches de figues et du miel chaud ; un peu de Cabriole dans un pannacotta parfumée d'une huile d'olive noire maison et quelques mouillettes de pain brioché parfumées à l'huile de truffe...

Je suis persuadé que vous en avez déjà l'eau à la bouche. Alors ! Dites-moi lequel aimeriez-vous que je vous cuisine ? Ah oui, je sais ce qui vous plairait : ma version revue et corrigée de la fondue parmesan. J'utilise non pas du parmesan mais le fromage de chèvre le Bouquetin de la ferme Tourilli dans Portneuf. Aussi, au lieu de le paner avec de la chapelure de pain, je le fais avec un mélange de pistaches, d'avelines et d'amandes et je fris le tout ensuite...

Un plateau bien garni.

Rangée du haut, de gauche à droite :
bleu de la Moutonnière, gré des champs et valbert.

Rangée du bas, de gauche à droite :
Cendré des Prés, Bouquetin, kénogami
et tomme des Joyeux Fromagers.

FONDU DE FROMAGE
de chèvre aux poires caramélisées

Pour 4 personnes

SAVIEZ-VOUS QUE...

Les différentes variétés de fromages sont nées par souci d'économie. Afin de ne pas gaspiller de lait, les paysannes européennes utilisaient leur talent de cuisinière pour nourrir leur famille en inventant une gamme impressionnante de fromages et une magnifique méthode de conservation du lait. Ces recettes se sont transmises par la suite de génération en génération. Un des plus beaux exemples de cette tradition est le valbert de la famille Lehmann, un fromage fabriqué à la main, à l'origine, par l'arrière-grand-mère originaire de Suisse. Aujourd'hui, ses petits-enfants poursuivent la tradition au Saguenay—Lac-Saint-Jean, plus précisément à Hébertville.

Les moines ont également joué un rôle important dans l'élaboration de nouveaux fromages car l'ambiance zen qui régnait dans les monastères se prêtait très bien à la création de recettes divines. Un bel exemple de leur travail au Québec est le bleu Hermite de l'Abbaye Saint-Benoît, à Saint-Benoît-du-Lac dans les Cantons-de-l'Est. La qualité du lait dans la fabrication du fromage est de première importance. Les vaches, les chèvres et les brebis se nourrissent des pâturages propres à leur territoire, ce qui donne au lait un goût caractéristique.

INGRÉDIENTS

Fromage et panure

4 Bouquetin de la ferme Fromagerie Tourilli

80 ml (1/3 de tasse) de noisettes

80 ml (1/3 de tasse) de pistaches

80 ml (1/3 de tasse) d'amandes

200 ml (3/4 tasse) de farine

2 œufs battus

Sel et poivre au goût

Vinaigrette aux poires

2 poires moyennes

Le jus d'un demi-citron

15 ml (1 c. à soupe) de miel

15 ml (1 c. à soupe) de vinaigre de Xérès

30 ml (2 c. à soupe) d'huile de noix

45 ml (3 c. à soupe) d'huile végétale

Garniture

1 laitue trévise

500 ml (2 tasses) de mesclun ou d'une laitue de votre choix

60 ml (4 c. à soupe) de vinaigrette

30 ml (2 c. à soupe) de pignons

LE VIN

Vouvray

Marc Brédif

Loire, France

Contrairement à ce que l'on peut croire, les vins rouges sont difficiles à agencer avec les fromages... (tannins et lactose ne font pas bon ménage!)

La riche texture du fondu requiert un blanc gras, rond et pénétrant comme ce charmant vin blanc tourangeaux. Au nez, vous y retrouverez des notes mellifères, des émanations de poires confites et, comme par hasard, celles-ci seront également dans l'assiette suggérée.

TECHNIQUE

Pour les fondus

Couper chaque Bouquetin en trois dans le sens de l'épaisseur à l'aide d'une lame fine trempée dans de l'eau chaude. Passer les noix au robot pour obtenir une poudre fine. Enduire les tranches de fromage de farine et les passer dans les œufs battus légèrement assaisonnés puis dans le mélange de noix réduit en poudre. Bien presser avec les doigts pour faire adhérer la poudre de noix.

Pour la vinaigrette aux poires

Peler et couper les poires en deux, enlever le cœur et les trancher en huit parties égales. Arroser de jus de citron pour éviter qu'elles noircissent. Caraméliser les poires avec le miel pour les colorer et verser ensuite le vinaigre pour déglacer le tout. (Cette étape a pour but de diluer les sucs au fond de la poêle avec un liquide, afin d'aller chercher le maximum de saveurs.) Ajouter graduellement les huiles et cuire pendant quelques instants. Réserver.

Cuisson et présentation

Faire quatre jolis buissons de mesclun d'automne dans un petit panier de trévise et arroser de vinaigrette aux poires. Parsemer de pignons de pin et déposer dans les assiettes.

Plonger les fondus dans la friture à 350 °F (180 °C) pendant 1 minute et déposer trois petits fondus de fromage à côté du panier de trévise ainsi que des quartiers de poire servis tièdes.

SAVIEZ-VOUS QUE...

Pour pouvoir profiter d'une appellation « fromage fermier », le lait doit en plus provenir exclusivement du troupeau de la ferme.

Il existe différentes façons de traiter le lait lors de la fabrication du fromage. On peut le pasteuriser pour éliminer toutes les bactéries ou le thermiser (un traitement à la chaleur doux, intermédiaire, qui sème la confusion au moment de l'appellation parce qu'il détruit une partie des bactéries.) Et il y a évidemment le lait cru, que je considère le meilleur : le lait n'est exposé à aucun procédé thermique pour préserver toutes ses qualités gustatives. Ce « non-traitement » du lait est assez controversé à cause des normes gouvernementales sur l'hygiène.

Comme mon ami Pierre-Yves Chaput me le répétait souvent : « On ne peut pas faire des fromages vivants avec du lait mort. Pour qu'un fromage évolue, il doit vieillir assez longtemps pour que l'on puisse l'affiner convenablement et ainsi l'amener à maturité pour le goûter dans toute sa plénitude ». Je crois quand même qu'il y a d'excellents fromages dans ces trois catégories, à vous de faire votre choix !

Parmi les différents secteurs gastronomiques en expansion au Québec, l'industrie fromagère est l'une des plus florissantes. On trouve aujourd'hui plus de 200 fromages au lait de vache, plus d'une centaine au lait de chèvre et de brebis. De ce nombre, seulement une trentaine peuvent porter l'appellation de fromage au lait cru, et uniquement quelques-uns sont certifiés biologiques, comme le gré des champs de la Montérégie.

LA PERLE RARE
Cuisiner les huîtres

Je l'avoue : moi non plus, je n'ai pas tendance à manger des huîtres en été. Parce que, tout comme vous, je crois en ce vieil adage selon lequel les huîtres sont meilleures dans les mois se terminant en « bre » : septembre, octobre, novembre et décembre. Je me suis laissé influencer un peu par la croyance populaire qui attribue, à tort, le manque de fraîcheur des huîtres en été au fait que les eaux des océans seraient plus chaudes. Pourtant, j'ai assez voyagé dans l'est du pays pour savoir que, même en été, les eaux du golfe Saint-Laurent sont tellement glacées qu'on peut à peine s'y baigner. La Nouvelle-Écosse, où l'on trouve l'huître de Malpèque, et le Nouveau-Brunswick, où l'huître de Caraquet est présente, sont deux provinces où l'on se gèle les os dix mois par année.

Il est évident que j'ai plus confiance aux huîtres durant la saison froide parce que le coquillage est fragile et qu'en été, la conservation demande beaucoup plus de soins.

Durant la saison plus chaude, il faut s'assurer que les huîtres ont été réfrigérées d'une façon exemplaire, du lieu de cueillette jusque chez le poissonnier. Vérifiez toujours la date de la cueillette et la provenance, qui doivent être bien inscrites sur les caisses que vous achetez. Si vous les prenez en vrac, assurez-vous que la date de péremption est indiquée sur le nouvel emballage.

Les huîtres doivent toujours être humides, lourdes et fermées hermétiquement, sinon c'est qu'elles ont perdu leurs eaux. Si vous voulez les déguster crues, elles devront être ouvertes au dernier moment et déposées sur un lit de glace concassée pour préserver leurs qualités premières.

Si toutefois vous devez les ouvrir à l'avance, je vous conseille de mettre les huîtres ouvertes sur de la glace et de les couvrir avec la coquille supérieure pour les refermer momentanément. Puis, recouvrez-les d'un linge humide et mettez le tout au réfrigérateur.

LE RITUEL

La vraie raison pour laquelle j'aime cuisiner les huîtres au début de l'automne, c'est que j'aime les rituels. Je l'admets !

J'adore les repas remplis de sens qui évoquent des moments privilégiés ou le début d'une nouvelle saison. C'est le temps de l'année où j'ai besoin de retrouver mes amis autour d'une table près d'un feu de foyer. Je profite de cette occasion pour les attirer avec de bons petits plats. C'est curieux, mais je me rappelle que mon père faisait la même chose avec moi...

Dans ces moments, la nourriture est un prétexte à la fête. C'est le plaisir de partager et de faire découvrir qui m'incite à créer de nouvelles recettes pour ceux qui m'entourent. Parmi ces rituels précieux, il y a ce « party » d'huîtres annuel que je fais avec un petit groupe d'amis à la fin de septembre. Nous célébrons l'arrivée de l'automne avec un gargantuesque repas mettant à l'honneur plusieurs variétés d'huîtres que j'apprête de diverses manières en compagnie de mon bon ami Denis, ex-cuisinier. Il est toujours prêt à tout pour bien manger.

...LES HUÎTRES DOIVENT TOUJOURS ÊTRE HUMIDES, LOURDES ET FERMÉES HERMÉTIQUEMENT...

La dernière fois, le repas se composait d'huîtres Beausoleil «cocktail» du Nouveau-Brunswick au vinaigre de framboises et à l'échalote, de deux tartares cuisinés aussi avec des Beausoleil, mais plus grosses, celles-ci. Le premier était mélangé avec du caviar de l'Abitibi et de l'huile de pépins de raisin et l'autre avec de petits cubes d'omble chevalier et d'une mayonnaise au soja et œufs de poisson volant. Une autre recette se composait de Raspberry Point de l'Île-du-Prince-Édouard servies sur écales et arrosées de quelques gouttes de jus de lime, comme mon meilleur ami Normand Laprise les avait présentées quelques semaines plus tôt à un cocktail chez lui.

Ensuite, nous avons cuisiné des spéciales claires de Marennes-Oléron en Bretagne dans un *chowder* aux poireaux et pommes de terre rates.

Nous avons poursuivi avec des Palala Bay géantes de l'État de Washington cuites à la vapeur trois minutes, puis tranchées en escalopes pour ensuite les paner et les frire. Nous les avons accompagnées d'une sauce tartare au vinaigre balsamique et boutons d'hémérocalles, tandis que de fines pommes paille ornaient le fond des grosses coquilles. Un autre service était composé de Summer Ice de la Colombie-Britannique façon Rockefeller, allégées avec un peu de jus d'huître et de vin blanc réduit additionnés de crème plutôt que de la traditionnelle béchamel. Cette présentation a connu tellement de succès que je vous la propose comme recette.

Enfin, comme à l'habitude, le tout était arrosé de vins qui accompagnaient à merveille ce repas. Entre autres, l'exceptionnel Clos de la Coulée de Serran 98, de la région de Val de Loire était tout à fait approprié.

Je pense avoir excité votre curiosité et vous vous demandez sûrement où je m'approvisionne de toutes ces variétés d'huîtres... Ah! Ah! Je vais vous donner mon secret. Bien que l'huître soit la perle des mers, il existe à Montréal une perle rare qui s'appelle Richard St-Pierre, qui travaille à la poissonnerie La Mer. Depuis plusieurs années, Richard s'efforce de développer le marché des huîtres en faisant leur promotion dans différents événements à Montréal et à Québec, ainsi qu'à la poissonnerie. Il s'approvisionne partout en Amérique du Nord, et, depuis quelque temps, en France, pour nous offrir le plus de variétés possible.

Sans nul doute, Richard est l'ambassadeur des huîtres au Québec. Le nombre de variétés de première qualité qu'il réussit à offrir durant toute l'année lui mérite des éloges. Peut-être réussira-t-il enfin à éliminer nos préjugés sur la saison des huîtres? Car Richard est convaincu qu'il est possible de manger des huîtres toute l'année. Il suffit de changer nos habitudes et nos croyances, mal fondées, pour profiter pleinement de ces coquillages savoureux qui sont un gage de succès dans les dîners gastronomiques, cocktails dînatoires ou tout autre repas en bonne compagnie!

HUÎTRES FRAÎCHES
façon Rockefeller

Pour 4 personnes, en entrée

SAVIEZ VOUS QUE...

Les noms donnés aux huîtres évoquent la plupart du temps celui de la baie ou de la région où elles sont récoltées. Dans les autres cas, comme la Beausoleil et les fines claires, il s'agit du nom de la méthode d'élevage. D'ailleurs, la grande majorité des huîtres que nous consommons aujourd'hui sont d'élevage, activité appelée «ostréiculture».

Il faut entre deux et cinq ans pour amener l'animal marin à coquille bivalve à maturité et le tout demande une surveillance constante. Cette technique permet d'assurer leur continuité, en plus de présenter des garanties d'hygiène. Les huîtres sont à l'abri de la pollution et donc, de certaines maladies. L'élevage les préserve aussi de leurs ennemis, comme les étoiles de mer, les bigorneaux, les crabes et bien d'autres animaux marins.

L'ostréiculture existe depuis de nombreuses années ; les Celtes et les Grecs s'y adonnaient bien avant le Moyen-Âge.

INGRÉDIENTS

Farce

60 g (2 oz) d'échalote française
(2/3 pour la farce et le reste pour la sauce)

90 g (3 oz) de bacon (environ trois tranches)

500 ml (2 tasses) d'épinards
(bien foulés dans la tasse à mesurer)

1 noix de beurre demi-sel

Poivre frais moulu

Huîtres

24 huîtres Olympia de Californie ou Sinku
de Colombie-Britannique, assez charnues

500 ml (2 tasses) d'eau

500 g (1 lb) de gros sel ou de sel de mer

Sauce au cheddar Perron

125 ml (1/2 tasse) de jus d'huître

1 noix de beurre demi-sel

30 g (1 oz) d'échalote française

250 ml (1 tasse) de chardonnay

250 ml (1 tasse) de crème à cuisson 35 %

Poivre frais moulu

60 g (2 oz) de cheddar Perron moyen

LE VIN

Muscadet Sèvre-et-Maine sur lie

Château du Cléray
Loire, France

Voici un accord classique pour ne pas dire incontournable !!!

Ne pouvant être plus typique du pays nantais, ce Muscadet est clair, limpide et présente des reflets verdâtres. Son nez est composé de notes iodées, de zeste de citron et en bouche, son acidité est éclatante.

TECHNIQUE

Pour la farce

Éplucher l'échalote française et la ciseler finement. Émincer le plus finement possible les tranches de bacon et les couper en dés miniatures. Nettoyer et équeuter les épinards. Faire cuire à la vapeur pendant 2 ou 3 minutes juste pour les faire tomber. Les presser pour en extraire l'eau et les hacher. Faire revenir le bacon dans une poêle préalablement chauffée. Lorsque ce dernier commence à se colorer, ajouter l'échalote et faire revenir dans le gras du bacon. Faire fondre la noix de beurre dans la préparation, ajouter les épinards hachés et mélanger tous les ingrédients. Poivrer mais éviter le sel (à cause du bacon). Réserver.

Pour les huîtres

Nettoyer les huîtres avec une petite brosse sous l'eau froide, ne jamais les faire tremper dans l'eau. Mettre 500 ml (2 tasses) d'eau dans votre cuisine vapeur ou couscoussier. Déposer vos huîtres par groupe de six et les faire cuire 3 minutes. (Je vous conseille d'utiliser une minuterie). Retirer du feu et les déposer sur une tôle. Les huîtres seront ainsi beaucoup plus faciles à ouvrir. Conserver la coquille inférieure (celle qui est la plus profonde), détacher les huîtres et les réserver sur une assiette. Sur une autre tôle, verser quatre rangs de gros sel ou de sel de mer et déposer six coquilles d'huîtres par rang afin de les maintenir en place. Étaler un peu de farce aux épinards dans chaque coquille et placer une huître décortiquée sur la farce.

Pour la sauce

Faire réduire le jus de cuisson des huîtres qui reste au fond du cuisine-vapeur et en conserver 125 ml (1/2 tasse) en prenant soin d'éliminer toute impureté. Un bon truc consiste à verser le jus dans un verre et à ne récupérer que la partie supérieure. Dans une casserole, faire revenir le reste de l'échalote avec la noix de beurre puis verser le jus d'huître et le vin blanc. Laisser réduire de moitié puis ajouter la crème et réduire à nouveau pour obtenir une consistance moyennement épaisse. Poivrer. Retirer du feu, ajouter le cheddar Perron et bien remuer. Laisser tiédir l'appareil et verser une cuillerée à thé sur chaque huître ou plus, au goût.

Cuisson et présentation

Préchauffer votre four à gril, déposer la tôle sur le dernier étage au haut du four pour gratiner légèrement vos huîtres. Servir aussitôt dans des assiettes garnies de sel de mer, afin que les huîtres ne se vident pas de leur sauce.

Si votre repas consiste en plusieurs services, je vous conseille quatre huîtres par personne. Si le menu est moins copieux, j'en suggère six. Lorsque j'ai testé cette recette pour prendre en note chaque étape, ma blonde Suzanne et moi en avons mangé 12 chacun, en plat principal. Nous nous sommes régalés !

SAVIEZ-VOUS QUE...

Il existe aussi en France, plus particulièrement en Bretagne à Marennes-Olérons, une technique qui consiste à affiner les huîtres dans d'anciens marais salants où l'eau est plus douce et plus riche en plancton.

Pour les affiner, on place 20 huîtres au mètre carré pendant deux mois, ce qui donne des «fines claires» ou 10 au mètre carré pendant cinq à six mois, ce qui donne des «spéciales claires». Ce procédé a pour but d'obtenir des huîtres plus charnues, étant donné la plus grande quantité de nourriture disponible par mètre carré, et moins salées, les eaux étant plus douces. Ces huîtres possèdent aussi une belle couleur verte en raison d'une algue microscopique appelée navicule bleue.

Une bonne nouvelle : les huîtres sont étonnamment pauvres en lipides, donc peu calorifiques. Elles ne font pas grossir, même lorsque qu'elles sont grasses et laiteuses en période de reproduction. Elles sont conseillées dans les régimes alimentaires parce qu'elles sont riches en protéines, en oligo-éléments et en vitamines. Elles ouvrent l'appétit, favorisent le sommeil et posséderaient des qualités aphrodisiaques selon les grands épicuriens et certains cuisiniers...

LE VRAI CAVIAR
snobisme ou raffinement?

Comme toujours à l'approche du nouvel An, je remets mes bonnes résolutions à l'année suivante.

Qualifié, à juste titre, de bon vivant et de gourmand, je n'ai pas l'intention de perdre ma réputation.

Lors du baptême de ma filleule Sydney, j'ai constaté que la gourmandise était toujours l'un des sept péchés capitaux. Je trouve encore plus trippant de me gaver, sachant que c'est défendu.

Trêve de plaisanterie, je ne pense pas changer mes habitudes. Sauf peut-être une, celle de manger du caviar. Mais je ne suis pas certain de pouvoir y arriver. J'aime tellement ça, c'est quasiment un péché... Chaque fois que je m'apprête à en déguster, la gêne m'envahit. À cause, sans doute, de ce que plusieurs pensent des amateurs de caviar comme moi.

J'ai l'impression qu'ils me trouvent snob. «Que peut-il trouver de si bon dans ces petits œufs de poisson trop salés, qui coûtent les yeux de la tête?» se demandent-ils. La question est d'autant plus justifiée en cette période de l'année où le caviar atteint des prix exorbitants, jamais vus dans l'histoire. J'avoue que mon sentiment de culpabilité disparaît, comme par enchantement, à la première bouchée. Les sensations que j'éprouve en bouche sont plus fortes que le remords.

Il faut comprendre que les œufs d'esturgeon sont d'une extrême finesse. Les Égyptiens, qui ont été les premiers à saler le poisson pour sa conservation et à mettre ses petits œufs en saumure, étaient sûrement inspirés des dieux pour créer un mets aussi spectaculaire.

Le caviar est parmi les produits les plus raffinés et par conséquent, je vous l'accorde, les plus chers au monde. Mais attention, je parle ici de vrai caviar, russe ou iranien, dont le prix atteint parfois la modique somme de 100 $ l'once.

Les œufs de lompe, noirs ou rouges, ne sont pas des caviars et ne devraient pas porter cette appellation. Seuls les œufs d'esturgeon (*acispencer*, de son nom latin) méritent de porter le nom de caviar. Les nombreuses variétés d'œufs de poisson qu'on trouve sur le marché (œufs de hareng fumé, de corégone et de truite saumonée), sont de très bonne qualité, mais ne sont pas du caviar.

Le vrai caviar est divin, délectable, sublime! Son goût est presque indescriptible. L'éclatement des œufs en bouche enveloppe les papilles et est suivi généralement d'un orgasme gustatif.

...SEULS LES ŒUFS D'ESTURGEON MÉRITENT DE PORTER LE NOM DE CAVIAR...

Le produit exige un palais très fin, capable de décoder toutes les subtilités de ses arômes. Le caviar, c'est avant tout une question de raffinement. Lorsqu'il est de qualité supérieure, je le déguste dans un état méditatif pour apprécier chaque bouchée !

Dans les occasions spéciales, j'ai beaucoup de plaisir à le savourer sur des blinis (de petites crêpes russes) avec de la crème fraîche acidulée, accompagné d'un bon champagne.

Je vous ai peut-être convaincu que le caviar n'est pas une affaire de snobisme mais plutôt une affaire de goût. Dans le but de rendre votre première dégustation inoubliable, voici des informations qui vous aideront à faire le bon choix.

La période des fêtes représente 80 % des ventes annuelles de caviar et, durant cette période, les consommateurs sont prêts à payer le prix pour goûter aux œufs d'esturgeons si prisés des gastronomes.

Il est important de bien s'informer sur la qualité du caviar. La vigilance s'impose, car des imitations ou des produits moins récents sont parfois vendus dans les comptoirs.

Assurez-vous que la date de péremption est bien indiquée sur la boîte de caviar frais (non pasteurisé). Elle ne devrait pas dépasser trois mois. Par exemple : 01/9/2005 au 01/12/2005.

LA DIFFÉRENCE ENTRE LE CAVIAR RUSSE ET IRANIEN

Le caviar provient à 80 % des esturgeons pêchés dans la mer Caspienne. Qu'il soit de Russie ou d'Iran, ses qualités sont similaires.

Le caviar russe a meilleure réputation, même si parfois sa qualité est contestée en raison de la pollution des eaux côtières causée par les nombreuses industries.

En Russie, l'entreprise privée est principalement responsable de la production de caviar, alors qu'en Iran, elle est gérée par une société d'État. Des normes strictes ont d'ailleurs été instaurées pour consolider l'industrie, empêcher la pêche intensive et assurer la survie de l'espèce. Cela a eu pour effet de faire grimper le prix. La contrebande et le braconnage contribuent aussi à la rareté du produit.

Les principaux caviars, le sévruga, l'osciètre et le béluga, sont des variétés d'esturgeons pêchées dans la mer Caspienne. Le sévruga est le plus petit et le béluga est le plus gros (ses œufs sont aussi les plus gros mais les plus fragiles). C'est le plus réputé des caviars et, bien sûr, le plus cher. Mon préféré est l'osciètre pour la fermeté de ses œufs et leur goût. C'est le meilleur rapport qualité-prix. Il existe aussi un caviar blanc très rare qui provient de l'esturgeon osciètre albinos. À une certaine époque, ce caviar n'était réservé qu'au shah d'Iran. La mention « malossol » inscrite sur les boîtes de certains caviars signifie « peu salé ».

BLINIS GÉANTS
au caviar osciètre

Pour 4 personnes

SAVIEZ VOUS QUE...

La mer Caspienne est la plus vaste mer fermée au monde. Elle est, à ce jour encore, la plus importante réserve d'esturgeons au monde.

Il existe d'autres endroits où l'on produit du caviar: au Québec, dans la région de l'Abitibi, aux États-Unis et en France dans la région de l'Aquitaine (où l'on trouve un excellent caviar provenant de l'estuaire de la Gironde).

La Turquie a été, pendant des décennies, le berceau de la fabrication du caviar, plus précisément à Constantinople, aujourd'hui appelée Istanbul. Les esturgeons étaient pêchés dans la mer Noire. La principale zone de pêche se situait près du delta du Danube. On produit toujours du caviar dans cette région, en Roumanie plus exactement, mais de faible qualité. Il est vendu principalement sur le marché local.

INGRÉDIENTS

Pâte à blinis

Première étape

5 g (1/2 c. à soupe) de levure sèche

15 ml (1 c. à soupe) d'eau

125 ml (1/2 tasse) de lait tiède

60 gr (1/2 tasse) de farine tamisée

Deuxième étape

180 ml (3/4 tasse) de lait

2 jaunes d'œufs

1 pincée de sel

155 gr (1 1/4 tasse) de farine tamisée

2 blancs d'œufs

45 ml (3 c. à soupe) de beurre clarifié
(pour la cuisson des blinis)

Crème à l'aneth

125 ml (1/2 tasse) de crème 35 %

15 ml (1 c. à soupe) de jus de citron

30 ml (2 c. à soupe) d'aneth haché

Sel et poivre au goût

Garniture

90 gr (3 oz) de caviar osciètre (russe ou iranien)

15 ml (1 c. à soupe) d'échalote française

15 ml (1 c. à soupe) de ciboulette ciselée

LE VIN

Champagne Brut Impérial
Moët & Chandon
Champagne, France

Rien de mieux que des bulles pour amorcer le nouvel An !!!

L'acidité et la fraîcheur se lieront volontiers d'amitié avec l'aneth. Elles formeront également un accord des plus harmonieux avec les notes salines et iodées du succulent caviar.

Je vous suggère ce vivifiant vin effervescent élaboré par une des plus vieilles maisons champenoises.

TECHNIQUE

Pour la pâte à blinis

Première étape

Délayer la levure avec un peu d'eau et l'ajouter au lait tiède. Verser doucement sur la farine en mélangeant doucement. Laisser reposer 30 minutes à température ambiante.

Deuxième étape

Ajouter à la préparation précédente 200 ml (3/4 de tasse ou 7 oz de lait), les jaunes d'œufs, le sel et la farine graduellement. Monter les blancs en neige. Au moment de faire les blinis, les ajouter doucement dans la pâte et mélanger délicatement.

Pour la crème à l'aneth

Mettre la crème dans un bol avec le jus de citron et l'aneth. Fouetter pour obtenir une crème onctueuse, mais pas trop ferme et assaisonner.

Pour la cuisson des blinis géants

Préchauffer le four à 300 °F (150 °C). Faire chauffer une poêle antiadhésive avec un peu de beurre clarifié, y déposer les cercles métalliques beurrés, de 5 cm (2 po) de diamètre par 3 cm (1 1/4 po) de hauteur, dans la poêle chaude. Ces petits cercles métalliques sont vendus dans les boutiques spécialisées d'articles de cuisine. Verser la pâte à blinis au 3/4 des cercles métalliques, un peu d'échalote et de ciboulette hachées, cuire à feu doux sur le feu et enfourner 2 minutes. Retirer du four et retourner les cercles métalliques dans la poêle, terminer la coloration sur le feu et à l'aide d'un petit couteau, s'assurer que la pâte n'a pas adhéré sur les côtés.

Montage et présentation des blinis

Démouler les blinis dans les assiettes et les laisser tempérer quelques secondes. Verser le quart de la boîte de caviar sur chaque blini en petit monticule et verser la crème à l'aneth tout autour.

Note : Vous pouvez faire des petits blinis en déposant 15 ml (1 c. à soupe) de pâte à quelques centimètres d'espace les uns des autres dans la poêle. On doit alors calculer trois petits blinis par personne. Faites-vous une réserve de blinis avec le reste de l'appareil à congeler pour une utilisation ultérieure !

SAVIEZ-VOUS QUE...

L'origine du mot caviar est incertaine. Elle pourrait provenir du mot turc *haviors* ou du mot grec *avyarion* qui veut dire œuf. En France, le mot est apparu pour la première fois sous la forme de « cavyaire », en 1432.

Les pêcheurs russes mangeaient le caviar avant de boire la vodka afin d'atténuer la force de l'alcool dans leur gorge. Les œufs possèdent une huile qui se dépose en une fine couche dans l'estomac, ce qui permet d'absorber plus facilement la vodka.

Ses propriétés soi-disant aphrodisiaques en font l'un des mets par excellence pour les dîners romantiques. Brillat Savarin, dans son célèbre traité *Physiologie du goût*, indique que le caviar aurait pour effet d'éveiller, chez les deux sexes, l'instinct de reproduction.

Il est conseillé de conserver le caviar au réfrigérateur à des températures entre 35 °F (2 °C) et 39 °F (4 °C). On le déguste dans la boîte d'origine ou dans des petits bols en verre ou en or, mais jamais en argent pour ne pas altérer son goût. On dépose les récipients sur de la glace pilée.

Un caviar sain doit être brillant, légèrement huileux, avec une odeur douce et fraîche. On le consomme en se servant de cuillères en nacre de perle, en corne ou en bois.

NOËL
revisité

Ah ce fameux temps des fêtes ! Début décembre, nous y sommes déjà plongés. Ceux qui, à cette période, n'ont pas encore pensé à leurs repas de Noël et du jour de l'An devraient commencer à planifier leurs excès de gourmandise !

Imaginez tout le bonheur que vous aurez, si vous êtes bien préparé, à vous retrouver autour d'une table avec vos proches à déguster de bons petits plats.

Pour réussir vos repas des fêtes, une bonne planification est primordiale, mais il sera aussi important de faire preuve de simplicité, de créativité et de générosité afin de donner un sens à cette belle fête qu'est Noël.

Pour vous aider, je vous propose de partager avec moi une réflexion sur la cuisine québécoise traditionnelle.

J'ai essayé de comprendre ses fondements, ses grands principes. Où donc a-t-elle véritablement pris racine ? Qui l'a inventée ou adaptée ? J'ai voulu mieux la connaître afin d'avoir pour vous de nouvelles idées pour le temps des fêtes.

Lorsqu'on veut innover en cuisine, il faut comprendre d'où viennent nos habitudes alimentaires et nos traditions. Ainsi, on peut savoir si l'on est sur la bonne voie lorsqu'on pense à de nouvelles recettes mieux adaptées à notre époque et à nos habitudes de consommation.

CUISINE TRADITIONNELLE

Notre cuisine traditionnelle est riche d'histoires et d'aventures. Elle a évolué à travers les siècles et plusieurs grands porte-parole l'on fait connaître dans les régions du Québec. Mais pourquoi n'évolue-t-elle pas au même rythme que d'autres domaines comme la céramique, la musique, la mode vestimentaire ou la coiffure ? Nous ne mangeons plus dans les mêmes assiettes, ne sommes plus habillés et coiffés comme au début du siècle. Alors, pourquoi mangeons-nous toujours la même tourtière, le même ragoût de pattes, le même pâté à la viande, les mêmes fèves au lard et la même bûche de Noël ?

Ces recettes auraient-elles été conçues par des grands chefs comme Antonin Carême ou Auguste Escofier (créateurs de la cuisine française) ou des virtuoses comme Mozart ou Chopin ? Ce qui expliquerait pourquoi on n'ose pas changer une note ou un ingrédient...

En disant cela, je ne veux rien enlever à ceux qui ont créé ces recettes, nos ancêtres, surtout des Français de la Normandie, du Poitou et de la Bretagne, qui arrivaient avec leurs traditions culinaires et cuisinaient avec les produits disponibles en Nouvelle-France.

J'aimerais attirer votre attention sur le fait que cette cuisine québécoise traditionnelle est née de la créativité des peuples qui ont chevauché nos terres. Elle s'est construite à travers un mélange de cultures et d'idées. Il est encore possible de la faire évoluer aujourd'hui afin qu'elle puisse traverser les prochains siècles.

...POUR RÉUSSIR
VOS REPAS DES FÊTES,
UNE BONNE PLANIFICATION
EST PRIMORDIALE...

COLLABORATION AVEC DIVERS PEUPLES

Certaines collaborations au cours des siècles passés ont été déterminantes dans l'évolution de notre patrimoine culinaire. Par exemple, les Français, après avoir formé une alliance avec les Amérindiens, ont appris à cultiver le maïs, les atocas, à produire du sirop d'érable et bien d'autres trésors. Ils ont aussi appris les rudiments de la chasse à l'oie, au chevreuil et à l'orignal pour ne nommer que ceux-là. Ils ont découvert, peu à peu, la richesse de nos sous-bois et l'art de cueillir de nombreux aliments sauvages : têtes de violon, ail des bois, airelles du Nord, baies de chicoutai et une foule d'herbes aromatiques.

Au cours des siècles qui ont suivi, les Écossais et les Irlandais ont enrichi notre cuisine de préparations qui demandent peu de temps, mais qui exigent de longues cuissons, comme les ragoûts (l'*Irish Stew* est probablement l'ancêtre de notre ragoût de pattes de cochon) qui permettaient aux paysannes de passer plus de temps au jardin et à s'occuper de leur nombreuse famille.

CUISINE DE CHANTIER

Puis, lorsqu'il a fallu exploiter nos terres et couper du bois, une nouvelle cuisine a fait son apparition au Québec : « la cuisine de chantier ». Celle-ci a grandement influencé et façonné la cuisine traditionnelle et s'apparente beaucoup à celle qu'on connaît aujourd'hui.

À cette époque, on a adapté des recettes pour nourrir des hommes qui travaillaient durement et soutenir leur moral durant les longues périodes d'isolement. Les recettes, de plus en plus gourmandes et sucrées, réjouissaient le palais des travailleurs.

Plus tard, après l'exode des paysans vers les centres urbains, la cuisine traditionnelle est devenue une cuisine de femme, celle qui se transmet de mère en fille.

Puis, c'est Expo 67, moment de grande ouverture sur le monde pour les Québécois. On découvre alors une multitude d'ingrédients de plusieurs nations du monde. Petit à petit, ceux-ci ont été introduits dans nos mœurs grâce, entre autres, à la restauration.

Nous sommes alors séduits par la grande cuisine française et son service attentionné, par la cuisine italienne sympathique et réconfortante, ainsi que par les nombreuses cuisines de l'Orient et du Moyen-Orient qui ravissent nos papilles gustatives avec leurs épices exotiques, et les nombreux rituels qui accompagnent le service des repas.

Depuis, il n'est pas rare de voir sur nos tables des fêtes du couscous à l'agneau, un tajine de poulet, des sushis, des rouleaux impériaux, de la paëlla, de la choucroute alsacienne, du carpaccio de bœuf et bien d'autres spécialités internationales qui font vibrer nos instincts gourmands.

Tiramisu, crème brûlée et gâteau moelleux au chocolat sont désormais à l'honneur et remplacent allègrement les desserts de notre cuisine traditionnelle même dans les occasions spéciales comme le temps des fêtes.

LA FLAMME POUR LA CUISINE TRADITIONNELLE S'ÉTEINT DOUCEMENT

Pendant ces 40 dernières années, notre passion et notre flamme pour la cuisine traditionnelle québécoise se sont éteintes doucement. Notre engouement pour elle a diminué d'année en année. Nous allions même jusqu'à avoir honte de cette cuisine car elle a été souvent considérée et qualifiée de pas très raffinée par certaines classes de la société.

Aujourd'hui encore, on cuisine certaines spécialités dans différentes régions du Québec comme la dinde farcie, le cipaille et le ragoût de pattes de cochon. Mais ces recettes font l'objet de notre attention pratiquement une seule fois par année : dans le temps des fêtes. Elles sont surtout cuisinées par nos grand-mères et par nos mères. Ces dernières, d'ailleurs, ont commencé pour la plupart à en dénaturer le goût, et pourquoi ?

Peut-être par manque de transmission des connaissances, des gestes, des tours de main que requiert ce genre de cuisine ! Peut-être parce qu'un certain intérêt en général n'est plus présent pour la conservation de nos traditions culinaires... Je ne croirais pas !

Je pense que le facteur numéro un est le temps de préparation que demandent ces recettes. Nos grand-mères disaient à l'époque qu'un vrai réveillon se prépare à partir du 2 janvier.

Cela en dit long sur le temps qu'elles investissaient en cuisine dans une année, ce qui est loin de ressembler au temps passé en cuisine par les mères contemporaines qui, pour la plupart, font carrière à l'extérieur de la maison, sans oublier celles qui sont monoparentales ayant en moyenne une famille de 1.5 enfants.

Comme on peut le constater, les temps ont bien changé. Nous sommes forcés d'admettre que la dinde de 15 kilos et la tourtière du Lac-Saint-Jean avec ses quelque 5 kilos de viande et quelque 5 kilos de pommes de terre est vouée à disparaître.

REVISITER CERTAINS CLASSIQUES

Avant de perdre complètement les derniers vestiges de notre cuisine traditionnelle, ne serait-il pas le temps de revisiter certaines de nos recettes classiques, de les rendre plus attrayantes, plus au goût du jour avant qu'elles ne disparaissent complètement dans l'oubli, juste pour faire changement, juste pour faire évoluer quelques plats traditionnels qui pourraient être encore meilleurs au goût et plus adaptés à notre consommation moderne. Dans certains cas, et selon nos désirs, nous pourrions tenir compte du nombre de personnes à servir, qui a d'ailleurs beaucoup diminué au cours des 50 dernières années. Nous pourrions également considérer le poids des portions et la teneur en gras si nécessaire, et pas dans le but de créer une cuisine du temps des fêtes «minceur», mais juste par conscience de notre réalité, de nos nouveaux objectifs de santé, lesquels ne sont pas d'ailleurs les mêmes qu'au début du siècle. Certains pourraient en tirer des bénéfices en s'évitant un régime en janvier.

Profitez de l'occasion des fêtes pour innover dans votre façon de cuisiner! Je ne crois pas que ce soit un péché de réinterpréter certains vieux succès des années 50 pour les remettre à la mode et pour susciter l'étonnement de vos convives. Rappelez-vous simplement que nos ancêtres l'on fait à certains moments de leur époque et que sans le savoir, ils ont contribué à l'évolution de notre patrimoine culinaire québécois et à la création de plusieurs traditions dont nous profitons encore des bienfaits aujourd'hui. Alors pourquoi ne pas donner le même cadeau à nos enfants?

Je vous propose donc trois grands classiques que j'ai actualisés pour vous. Mon premier choix: des cretons que j'ai voulu anoblir pour les rendre plus attrayants. Je les ai cuisinés avec du canard et nous les servirons à l'occasion du repas de Noël.

Parfait en amuse-bouche, sur des toasts avec un chutney de pommes et canneberges, ou tout simplement en entrée accompagnés de tranches de canard fumé.

Comme deuxième choix: le cipaille canadien. J'ai cuisiné une version pour quatre à six personnes afin de tenir compte des gens qui ne peuvent faire cette recette par manque de temps ou à cause des quantités qui sont parfois déconcertantes pour des petites familles. J'ai pensé à une façon de le servir individuellement ou en un seul plat à partager selon votre choix mais en une heure de préparation et deux heures de cuisson. Pour l'accompagner, des feuilles de laitue parfumées et des petits oignons maison au vinaigre.

Comme troisième choix, un dessert, un de nos grands classiques: le pudding chômeur, mais pas de façon traditionnelle. Plutôt exotique, avec des mangues, ce qui le rend encore plus moelleux. J'ai réduit la quantité de sucre. Il n'est donc pas trop sucré, ce qui n'est pas le cas de la version originale. Pour en diminuer la quantité, j'ai employé du fructose et je le sers avec un peu de yogourt parfumé au zeste de citron vert et orange. Pour l'agrémenter et pour ajouter une touche santé, j'ai aussi reconsidéré la portion que vous servirez à vos convives afin de ne pas trop les gaver.

Ces trois plats, qui nécessiteraient normalement deux jours de travail, pourront être préparés en quelques heures.

Je vous souhaite un temps des fêtes rempli de curiosité, de réflexion, de nouvelles découvertes culinaires et beaucoup de bons repas cuisinés avec amour et passion.

CRETONS ET AIGUILLETTES

de canard de Barbarie,
chutney aux pommes et canneberges aux épices

Pour 8 personnes

INGRÉDIENTS

Bouillon

1 canard femelle de 1,5 kg (3 lb)
15 ml (1 c. à soupe) de beurre clarifié
1 branche de céleri
1 carotte
1 petit oignon
250 ml (1 tasse) de vin blanc
1 litre (4 tasses) de bouillon de poulet ou d'eau
Sel et poivre au goût
1 branche de thym
1 feuille de laurier
350 g (3/4 lb) de gras de canard
(récupérer les carcasses, suprêmes et cuisses)

Cretons

500 g (1 lb) de chair de canard coupée en cubes
80 g (1/3 tasse) d'échalote française
1 grosse gousse d'ail
2,5 ml (1/2 c. à thé) de cinq-épices chinois
30 ml (2 c. à soupe) de cognac
250 ml (1 tasse) de bouillon de canard réduit
(le liquide doit être assez épais)
250 g (1/2 lb) de gras de canard fondu
(récupéré sur le bouillon)

Garniture

100 g (1/4 lb) de canard fumé tranché
4 tranches de pain brioché coupées en quatre
60 ml (4 c. à soupe) de chutney aux pommes
et canneberges aux épices

Chutney aux pommes et canneberges aux épices

250 ml (1 tasse) de vin rouge
80 ml (1/3 de tasse) de miel
2,5 cm (1 pouce) de bâton de cannelle
5 ml (1/2 c. à thé) de poivre rose
1 pincée de cardamome en poudre
Sel et poivre au goût
2 pommes épluchées, épépinées et coupées
en petits cubes (cela devrait faire un peu plus
de 500 ml ou 1 tasse)
125 ml (1/2 tasse) de canneberges fraîches

TECHNIQUE

Pour le canard (préliminaire)

Dans un premier temps, désosser le canard : séparer les suprêmes et les cuisses de la carcasse, ensuite retirer les os des cuisses, retirer le gras des cuisses et des suprêmes puis couper le gras et la chair en cubes. Cette partie de la recette peut être réalisée par votre boucher. Dégraisser aussi la carcasse et réserver le gras pour le bouillon.

Pour le bouillon

Couper les carcasses en de nombreux morceaux à l'aide d'un couperet. Les mettre dans une grande casserole à fond épais et les faire colorer avec le beurre clarifié. Ajouter les légumes taillés en mirepoix (de la grosseur d'une macédoine) et rissoler encore quelques minutes. Déglacer avec le vin et mouiller avec le bouillon de poulet ou l'eau et ajouter le thym et le laurier. Ajouter le gras coupé en petits morceaux et laisser mijoter doucement une bonne heure. Passer le tout au chinois et laisser refroidir pour que le bouillon et le gras se séparent. Retirer le gras avec une louche et le réserver. Faire chauffer le bouillon pour la prochaine étape.

Pour les cretons

Faire revenir les cubes de canard dans un petit rondeau avec un peu de gras de canard. Ajouter l'échalote, l'ail haché et les épices, laisser revenir encore quelques secondes puis flamber avec le cognac. Ajouter le bouillon de canard et cuire jusqu'à ce que la viande soit cuite (très rapide). Passer au tamis et laisser réduire le bouillon de canard jusqu'à ce qu'il prenne une belle consistance (assez épaise). Il devrait en rester environ 250 ml (1 tasse). Pendant ce temps, passer les chairs cuites au hachoir à viande ou au robot culinaire. Déposer la chair hachée dans un bol en inox et verser le bouillon réduit et quelques cuillères à soupe de gras de canard (selon votre taux de cholestérol) et bien mélanger. Rectifier l'assaisonnement. Verser l'appareil dans une terrine ou assiette à tarte préalablement enduite d'une pellicule de plastique, refroidir et appliquer une autre pellicule sur la surface. Réfrigérer quelques heures.

Note : On peut aussi réaliser cette recette avec de l'oie sauvage.

Pour le chutney aux pommes et canneberges aux épices

Porter à ébullition le vin rouge, le miel et les épices et faire un sirop. Pocher les fruits quelques minutes dans le sirop. Retirer et égoutter les fruits et laisser réduire le sirop jusqu'à consistance assez épaisse. Remettre les fruits dans le sirop réduit et bien mélanger. Assaisonner et refroidir.

Montage et garniture

Faire griller les tranches de pain brioché. Démouler la terrine et la déposer sur une planche à découper. Couper une pointe, une tranche ou former tout simplement des quenelles avec les cretons de canard. Disposer joliment quelques tranches de canard fumé sur les cretons de canard. Remplir un petit récipient de chutney et déposer le tout dans les assiettes, puis décorer avec une pousse de sapin.

LE VIN

Beaujolais
Mommessin
Beaujolais, France

Fraîcheur et fruité seront exigés pour canapés et chutney… Ce produit friand, joufflu et gouleyant se hissera tel un habile funambule sur cette recette tout en couleurs.

Il faudra le servir frais, entre 14 et 16 °C mais surtout le boire sur la jeunesse de son fruit pour profiter au maximum de son extraction aromatique.

MINICIPAILLES
pour Noël

Pour 8 personnes

INGRÉDIENTS

Pâte

1 kilo (2 lb) de pâte à tarte du commerce
ou votre recette préférée

Minicipailles

150 g (5 oz) de fesse de veau

150 g (5 oz) de longe de porc

150 g (5 oz) de bœuf à brochette

150 g (5 oz) de suprême de poulet

150 g (5 oz) d'oignon rouge

2 gousses d'ail

150 g (5 oz) de carottes

150 g (5 oz) de pommes de terre

30 ml (2 c. à soupe) de beurre clarifié

1 branche de thym

1 feuille de laurier

1 pincée de cannelle

15 ml (1 c. à soupe) de fines herbes fraîches
(romarin, estragon, ciboulette)

30 ml (2 c. à soupe) de farine

250 ml (1 tasse) de vin blanc

500 ml (2 tasses) d'eau

500 ml (2 tasses) de fond de veau (ou de volaille)

Sel et poivre du moulin au goût

LE VIN

Chianti Rufina Riserva

Frescobaldi
Toscane, Italie

Ce vin nous transporte sur les collines ensoleillées de la Toscane. Vous ferez face à une peuplade de viandes et de légumes différents dans la préparation de cette recette, alors voici un rouge de grande complexité aromatique. Des effluves mentholés, des notes de cacao et de flagrants arômes de boîte à cigares... Vous croirez faire une immersion dans un humidor...

TECHNIQUE

Couper le veau, le porc, le bœuf et le poulet en petits cubes. Éplucher l'oignon rouge et les gousses d'ail et les hacher finement. Peler les carottes et les couper en brunoise. Réserver. Couper les pommes de terre en petits cubes et les réserver dans l'eau pour ne pas qu'ils noircissent. Dans un petit rondeau, faire saisir très légèrement les viandes dans le beurre clarifié et assaisonner. Ajouter l'oignon, l'ail haché et les épices, revenir à nouveau et singer avec la farine. Bien remuer et mouiller avec le vin blanc puis compléter le mouillement avec l'eau et le fond de veau. Mijoter pendant au moins 1 h 30. Ajouter ensuite la brunoise de carottes et les cubes de pommes de terre, lorsque ces légumes seront cuits, le jus sera assez épais, l'appareil à cipaille devrait être prêt. Laisser refroidir. Réserver.

Note : On peut faire cet appareil un ou deux jours à l'avance.

Pour la pâte

Séparer la boule de pâte en six pièces égales. Étendre chaque partie de pâte sur une surface de 20 cm (8 po) (la pâte ne doit pas être trop mince) et les déposer au fond de petites cassolettes. Laisser dépasser environ 2 cm (3/4 po) de pâte tout le tour. Badigeonner les contours d'un peu d'eau pour pouvoir coller la partie supérieure. Verser l'appareil de viande dans les cassolettes* et étendre les retailles de chaque boule de pâte pour couvrir les minicipailles. Presser les deux épaisseurs de pâte et couper les excédents. Percer la pâte pour laisser la vapeur s'échapper. Badigeonner la partie supérieure de dorure (1 jaune et 30 ml ou 2 c. à soupe de lait). Enfourner à 400 °F (200 °C) dans un four conventionnel et 350 °F (180 °C) dans un four à convection. La cuisson prend environ 30 minutes ou jusqu'à ce que la pâte soit bien dorée. Pour accompagner les minicipailles, quelques feuilles de laitue aromatisées avec une vinaigrette à base de fruits rouges et d'huile de basilic sont très appropriées.

Cette recette peut donner jusqu'à huit minicipailles. Vous pouvez la diviser en deux sans aucun problème ou conserver le reste de l'appareil pour déguster comme un ragoût. Bien sûr, vous pouvez faire un plat familial. Une plus grande casserole en fonte peut alors faire l'affaire. Le temps de cuisson au four pourra se prolonger de 15 à 20 minutes.

*On peut aussi utiliser des moules à tarte individuels. Les cassolettes se trouvent dans les bonnes cuisineries. Celles que j'ai utilisées sont de marque Staub. Elle sont distribuées par Annick d'Amour de Trois filles et un coussin (www.3f1c.com).

...JE VOUS SOUHAITE UN TEMPS DES FÊTES REMPLI DE CURIOSITÉ, DE RÉFLEXION, DE NOUVELLES DÉCOUVERTES CULINAIRES ET BEAUCOUP DE BONS REPAS CUISINÉS AVEC AMOUR ET PASSION...

PUDDING AUX MANGUES
«façon chômeur»

Pour 8 personnes

LE VIN

Fusion Gewürztraminer-Riesling
Pillitteri
Péninsule du Niagara, Canada

Nous retrouverons quelques traces de sucre résiduel dans ce vin blanc ontarien d'une grande complexité.

La fraîcheur de cet équilibré dessert fera une «Fusîon» des plus réussies avec ce produit qui a été mouillé de 3% de moût de icewine avant son embouteillage.

Cette accueillante propriété est le domaine familial produisant le plus de vin de glace au monde...

INGRÉDIENTS

Yogourt aux zestes d'agrumes

Le zeste d'une lime

Le zeste d'une demi-orange

125 ml (1/2 tasse) de yogourt nature
Méditerranée, 8 % mg

Sirop de mangue

Première partie

500 ml (2 tasses) de jus de mangue pas trop épais
(Rubicon ou Céres) ou autre

125 ml (1/2 tasse) de sirop d'érable

1 anis étoilé

5 ml (1 c à thé) de coriandre en grains

Quelques graines de cardamome

Deuxième partie

200 g (7 oz) de beurre

125 g (4 oz) de cassonade

500 ml (2 tasses) de jus de mangue aux épices

Gâteau

1 œuf

250 ml (1 tasse) de lait

1 pincée de cannelle

5 ml (1 c. à thé) de vanille

250 ml (1 tasse) de fructose

500 ml (2 tasses ou 300 g) de farine

15 ml (1 c. à soupe) de poudre à pâte

45 ml (3 c. à soupe) de beurre fondu

2 mangues coupées en julienne

TECHNIQUE

Pour le yogourt aux zestes d'agrumes

Tremper des zestes durant quelques secondes dans l'eau bouillante pour
éliminer leur amertume. Assécher. Mélanger tous les ingrédients.

Pour le sirop de mangue

Première partie

Faire bouillir dans une casserole le jus de mangue, le sirop d'érable et les
épices environ 5 minutes, puis passer au chinois.

Deuxième partie

Dans une poêle, faire chauffer le beurre et y ajouter doucement la cassonade.
Chauffer quelques minutes jusqu'à ébullition, déglacer ensuite avec 500 ml
(2 tasses) de jus de mangue aux épices.

Pour le gâteau

Mélanger l'œuf avec le lait et ajouter la cannelle et la vanille. Mélanger le fructose,
la farine et la poudre à pâte. Ajouter doucement le liquide sur le mélange de
farine sans trop remuer et ajouter le beurre fondu. Laisser reposer la pâte quelques minutes. Pendant ce temps, beurrer les ramequins et les saupoudrer
de sucre. Étaler la julienne de mangues au fond des ramequins. Verser environ
deux bonnes cuillerées à soupe de pâte pour vous rendre environ à la moitié
des ramequins. Faire chauffer légèrement le sirop de mangue et en verser un
peu plus de 3 c. à soupe (45 ml) dans les ramequins. Mettre les ramequins
sur une tôle et cuire 20 minutes au four à 400 °F (200 °C).

Montage et présentation

Disposer le reste de la julienne de mangues au milieu des assiettes. Démouler
les puddings et les déposer sur les juliennes. Déposer la crème au yogourt sur
le pudding, verser un peu de sirop autour de celui-ci et décorer de quelques
tranches de carambole.

Note : Si vous ne désirez pas faire des portions individuelles, utilisez un plat
familial en verre.

NOËL
en trois temps

NOËL.COM

1er temps

J'ai appelé mon premier thème Noël.com. Source de joie, de partage et d'amour, Noël est l'occasion rêvée de dire à ceux que j'aime que je ne les ai pas oubliés, même si j'ai eu une année chargée à courir dans tous les sens et que je ne leur ai pas donné de mes nouvelles depuis un certain temps.

Jamais je ne rate la chance de sortir de ma routine pour leur faire un petit coucou et leur apporter un présent.

Dans le monde dans lequel nous vivons, il est courant de tomber dans la facilité, surtout à l'occasion des fêtes. Souvent, on achète des cadeaux impulsivement et à gros prix. Pour éviter le stress et les achats à crédit, pourquoi ne pas revoir notre façon de célébrer Noël et donner un autre sens à cette fête ?

Ce n'est pas la valeur du cadeau qui compte, mais la pensée. Les présents qui me touchent le plus sont ceux fabriqués artisanalement par les personnes qui les offrent.

Il y a quelques années, l'équipe d'une émission à laquelle je participais avait organisé un échange de cadeaux gourmands. Céline Tremblay, notre super recherchiste, avait offert à chacun un pot de caramel aux pacanes grillées. Je n'en ai pas oublié le goût tellement c'était savoureux. Juste assez alcoolisé, d'une texture parfaite.

...POUR LE TEMPS DES FÊTES, JE VOUS AI PRÉPARÉ UN NOËL EN TROIS TEMPS, SOIT UNE TRILOGIE GOURMANDE ET HUMAINE. J'ESPÈRE QU'ELLE VOUS PERMETTRA DE COMBLER DE BONHEUR LES GENS AUTOUR DE VOUS. JE PROFITE DE L'OCCASION POUR VOUS SOUHAITER UN JOYEUX NOËL PLEIN DE SAVEURS !...

J'imagine Céline, un soir de décembre, dans sa minuscule cuisine, en train de faire rôtir ses noix dans une poêle, de faire cuire son caramel avec du scotch et de finir le tout en ajoutant la crème fraîche, avant de remplir les bocaux et d'apposer les étiquettes. Quel merveilleux sentiment que celui qu'on éprouve après avoir cuisiné pour ceux qu'on aime ! Céline avait mis beaucoup d'amour et de temps dans son caramel. Et le temps est une denrée rare de nos jours.

Au lieu de passer un Noël.com à envoyer des courriers électroniques à vos amis, préparez affectueusement des pots de confiture ou de marinades que vous irez leur porter. Il vous suffira simplement de passer plus de temps aux fourneaux qu'à l'ordinateur.

Si vous manquez d'idées, appelez un ami, votre grand-mère ou votre chef préféré. Demandez-leur, comme j'ai fait avec Céline pour la recette de son butterscotch, de vous révéler leur secret culinaire le mieux gardé.

Je vous offre ensuite la recette de minibetteraves rouges au vinaigre de ma petite sœur Linda, que j'ai déjà cuisiné avec ma fille Laurie de même que la gelée de fruits aux canneberges de mon chef pâtissier Thierry.

Que ce soit des petits oignons blancs au vinaigre, des pickles maison, du sucre à la crème, des mets surgelés, comme une lasagne à la viande ou un coq au vin, cuisinez ces plats avec tendresse. Laissez mijoter doucement, dorlotez-les, ils n'en seront que meilleurs !

Versez vos petits trésors dans des pots joliment décorés avec des tissus et des rubans colorés. Ceux à qui vous offrirez ces présents seront ravis d'être l'objet d'autant d'attention. Et peut-être suivront-ils votre exemple l'année prochaine...

CARAMEL BUTTERSCOTCH
et pacanes grillées

BETTERAVES
au vinaigre de framboise
et au clou de girofle

GELÉE AUX CANNEBERGES
de mon chef pâtissier Thierry

LE VIN

Moscato d'Asti
Cardinale Lanata
Piémond, Italie

Que de plaisir pendant le temps des fêtes! Desserts et bulles feront un tête-à-tête...

Ce perlant piémontais offre une palette tropicale qui s'ouvre en bouche comme une queue de paon. Certaines régions nordiques d'Italie élaborent des vins non tranquilles de première qualité.

INGRÉDIENTS

Caramel butterscotch et pacanes grillées
(donne environ 15 pots de 100 ml ou 1/3 tasse)

250 g (1 tasse) de pacanes en moitié

570 gr (2 1/2 tasses) de sucre

200 ml (7 oz) de scotch whisky

375 ml (1 1/2 tasse) de crème 35 %

90 ml (6 c. à soupe) de beurre non salé,
à la température ambiante

1 pincée de sel

TECHNIQUE

Préchauffer le four à 375 °F (180 °C). Faire dorer les pacanes sur une tôle à pâtisserie pendant 10 à 12 minutes en remuant quelques fois. Laisser refroidir.

Dans une casserole à fond épais, faire chauffer à feu doux le sucre et le scotch jusqu'à ce que les cristaux de sucre soient dissous, puis augmenter la chaleur et amener à ébullition. Laisser bouillir sans remuer (cette étape est très importante pour éviter de faire cristalliser le sucre), jusqu'à l'obtention d'une belle couleur ambrée. Sur le thermomètre à bonbon, la température devrait atteindre 325 °F (170 °C) maximum.

Retirer du feu immédiatement, ajouter la crème d'un trait. Cette étape s'appelle « décuire ». Il ne faut pas paniquer si tout semble bouillonner et prendre en pain! En remuant doucement avec une cuillère de bois et en remettant la casserole sur un feu doux, le caramel deviendra lisse. À ce moment, incorporer le beurre hors du feu en remuant avec la cuillère de bois, puis ajouter les pacanes et une pincée de sel.

Il ne reste qu'à remplir vos petits bocaux et le tour est joué. Céline suggère de servir le caramel à la température ambiante avec de la crème glacée à la vanille.

Note : Recette tirée de son livre *Plaisirs d'été. Le Guide du parfait braiseur*.

**Betteraves au vinaigre de framboise
et au clou de girofle**
(donne environ 15 pots de 500 ml ou 2 tasses)

5 kilos (10 lb) de betteraves rouges

2 l (8 tasses) d'eau

2 l (8 tasses) de vinaigre blanc

500 ml (2 tasses) de vinaigre de framboise

500 ml (2 tasses) de sucre

2 clous de girofle

10 grains de poivre noir

Nettoyer les betteraves sous l'eau froide, sans les peler. Les mettre à cuire dans une casserole en les recouvrant d'eau et porter à ébullition. Le temps de cuisson peu différer selon la grosseur, la variété et la quantité de betteraves. Par exemple, j'ai déjà utilisé des minibetteraves allongées. Dans un grand chaudron, j'en ai fait cuire 5 kilos (10 lb) à la fois pendant un peu moins de 1 heure. Chose certaine, il est conseillé de faire des tests tout au long de la cuisson en piquant la pointe d'un couteau dans une betterave. Moi, je les aime tendres et encore fermes. Lorsque les betteraves sont cuites, les passer immédiatement sous l'eau froide, les peler dans l'eau et les déposer dans un récipient propre.

Pendant ce temps, préparer la marinade en portant à ébullition l'eau, le vinaigre, le sucre, les clous de girofle et les grains de poivre, pendant une quinzaine de minutes. Passer la marinade au tamis. Si les betteraves sont grosses, les couper en gros cubes ou en tranches assez épaisses. Remplir vos bocaux avec de la marinade à 130 °F (90 °C) et les fermer hermétiquement.

Note : Il est préférable de bien nettoyer les pots et les couvercles dans l'eau bouillante avant leur utilisation. Il y a quelques années, j'ai fait ces conserves avec des betteraves jaunes. On suit la même recette en remplaçant le vinaigre de framboise par du vinaigre de riz et les clous de girofle par du gingembre frais. Ces betteraves accompagnent bien la dinde de Noël.

**Gelée aux canneberges
de mon chef pâtissier Thierry**
(donne environ 10 pots de 250 ml ou 1 tasse)

4 oranges, pour le zeste et 250 ml (1 tasse) de jus

1 kg (2 lb) de canneberges fraîches

1 litre (4 tasses) de sucre

250 ml (1 tasse) d'eau

12 feuilles de gélatine (2 g par feuille)
ou l'équivalent de gélatine en poudre

Tailler les zestes d'orange et les blanchir (tremper les zestes dans l'eau en ébullition et les refroidir rapidement dans l'eau glacée). Couper les oranges en deux pour en extraire le jus. Mettre les canneberges fraîches, le sucre, le jus d'orange et l'eau dans une casserole. Porter à ébullition et laisser cuire pendant 5 minutes à feu moyen. Mettre la gélatine à tremper dans l'eau glacée. Quand elle est ramollie (après 30 secondes), l'ajouter à la purée de fruits. Remuer jusqu'à ce que la gélatine soit dissoute. Passer le tout au chinois ou au tamis et verser dans des petits pots aussitôt. (La purée doit atteindre 130 °F (90 °C) avant de la transvider et de refermer les couvercles.)

Cette gelée est délicieuse le lendemain du réveillon sur des tartines, des croissants ou sur du pain brioché.

NOËL TRADITIONNEL

2ᵉ temps

«Veux-tu une dinde cette année, mon Daniel? Quelle grosseur?», demande en riant au téléphone, ma belle-sœur Linda. Elle rit tout le temps. Comme d'habitude, je réponds : « Voyons ma belle Linda, la plus grosse ! 35 à 40 livres au moins, pour que ça vaille la peine ».

Pendant longtemps, j'ai boudé cette grosse bestiole à plumes, malgré les merveilleux souvenirs de la dinde rôtie de ma grand-mère. Jusqu'au jour où j'ai accepté, il y a quelques années, l'offre de Linda d'acheter une dinde de grain élevée par un ami de Valcartier. Maintenant, je m'empresse d'aller chercher mon oiseau le 23 décembre pour le cuisiner pour ma famille.

Laissez-moi vous raconter comment tout ça a commencé. Un jour, ma belle-sœur m'a amené dans un petit bar de Loretteville pour prendre une bière. Une fois le verre vide, je lui ai demandé : «Est-ce qu'on va la chercher, cette dinde? Elle est ici ta dinde, tourne-toi,» a répondu Linda.

J'ai éclaté de rire en apercevant une douzaine de belles dindes alignées sur un comptoir au fond de la salle. Ce bar était le lieu de rencontre des amateurs de dinde qui, annuellement, venaient fêter l'arrivée de leur volatile préféré en buvant à leur santé...

De retour à la maison, nous avons dégusté les deux énormes foies de dinde. Je les ai apprêté en escalopes, puis sauté dans un peu de beurre. J'ai ajouté de l'ail, du persil, quelques herbes salées et du poivre mignonnette. Linda a ouvert une bonne bouteille de rouge, on s'est bien régalé, je dirais même jusqu'à s'en lécher les doigts !

Cette histoire illustre bien comment naissent les traditions. Je n'ai pas toujours su à quel point elles étaient importantes pour mon équilibre. Les traditions solidifient les liens, rapprochent les gens, nous rappellent qu'on a besoin des autres. Grâce à Linda, j'ai redécouvert la dinde que ma grand-mère arrosait aux 15 minutes avec sa pipette remplie de jus. Chaque Noël, elle la servait avec une sauce bien odorante et une compote d'atocas.

...LES TRADITIONS SOLIDIFIENT LES LIENS, RAPPROCHENT LES GENS, NOUS RAPPELLENT QU'ON A BESOIN DES AUTRES...

C'est à mon tour de poursuivre la tradition. Je me souviens des yeux émerveillés de mon neveu David, qui avait alors 8 ou 9 ans, lorsqu'un soir de Noël, j'ai déposé une dinde parfaitement rôtie de 18 kilos sur la table.

« Mon oncle, ta dinde est vraiment majestueuse ! », s'était-il exclamé. Vous auriez aimé voir l'expression sur son visage. Je l'avais fait cuire au resto avant de l'apporter chez maman. On a vraiment rigolé, car on ne pouvait fermer complètement la porte du four !

Pourquoi une si grosse dinde ? Je crois que je suis plus créatif et gourmand dans les débordements ! Je m'éclate à fond lorsque la nourriture est en abondance dans ma cuisine.

Mais je ne gaspille rien. Le lendemain, je découpe tous les restants et je fais des petits paquets de fines tranches de dinde dans lesquels je dépose un peu de farce. Je remplis des pots avec le reste de la sauce. Je prépare aussi un bouillon avec la carcasse, ainsi qu'une soupe aux nouilles. J'apporte le tout à ma mère qui raffole de ces petits plats.

Si vous n'avez jamais fait cuire une dinde, je vais vous guider dans le choix et la grosseur, le temps à respecter pour la cuisson, en plus de vous donner une recette de farce aux champignons. Je vais aussi vous montrer comment réussir un jus aux canneberges, porto et purée de truffes, de même qu'un risotto à la courge « butternut », le meilleur, pour accompagner votre dinde.

DINDE DE GRAIN
son jus aux canneberges et parfum de truffes

Pour 10 à 12 personnes

LE VIN

Pinot noir Private Collection
Robert Mondavi
Californie, États-Unis

Une volaille et un rouge d'une grande souplesse s'uniront
à merveille pour ce prochain mariage. La phase olfactive
de ce produit est composée d'une multitude de petits fruits
rouges tel que des griottes, des framboises, du cassis et des
canneberges... Heureux hasard et/ou plaisir gourmand !!!

INGRÉDIENTS

Dinde

Une dinde de 6 kilos (12 1/4 lb) (Je vous suggère celle de chez Giguère, à Saint-Agapit, dans la région de Bellechasse. C'est une dinde tendre, élevée en liberté, nourrie de grains sans hormone de croissance. La perte de poids à la cuisson étant réduite, la dinde demeure dodue et tendre à souhait. Commandez-la à votre boucher un peu à l'avance.)

Mirepoix

1 oignon

1 carotte

1 branche de céleri

30 ml (2 c. à soupe) de sel

Piment doux (type piment d'Espelette) au goût

Farce

750 g (6 tasses) de mie de pain

1 gousse d'ail

2 oignons moyens (200 ml ou 2 tasses)

750 g (6 tasses ou 1 1/2 lb) de champignons : pleurotes, champignons de Paris, shiitakes

45 ml (3 c. à soupe) de beurre

1 botte de ciboulette hachée

30 ml (2 c. à soupe) de persil haché

30 ml (2 c. à soupe) d'estragon haché

125 ml (1/2 tasse) de crème 35 %

2 œufs

15 ml (1 c. à soupe) de vinaigre de cidre

Sel et poivre au goût

Sauce aux canneberges

250 ml (1 tasse) de porto

250 ml (1 tasse) de vin rouge

125 ml (1/2 tasse) de jus d'orange

125 ml (1/2 tasse) de jus de canneberges

1 l (4 tasses) de bouillon de cuisson dégraissé

125 ml (1/2 tasse) de canneberges fraîches, cuites dans le sirop et égouttées

30 ml (2 c. à soupe) de purée de truffe noire (Tartufata)

Sel et poivre au goût

TECHNIQUE

Pour la dinde

Retirer les abattis à l'intérieur de la dinde puis couper le cou et le gésier en plusieurs morceaux. (Conserver le cœur et les abats pour une recette ultérieure.) Couper le bout des ailes.

Pour la mirepoix

Couper l'oignon, la carotte et le céleri en mirepoix (grosseur d'une macédoine). Réserver à la température de la pièce.

Pour la farce

Couper la mie de pain en petits cubes. Hacher l'ail et l'oignon. Brosser les champignons puis les émincer et les couper en petits dés.

Dans un sautoir, faire chauffer le beurre, puis revenir l'oignon et l'ail. Ajouter les champignons et faire revenir pour amorcer la cuisson. Mettre dans un gros cul-de-poule. Refroidir. Ajouter les fines herbes, la mie de pain, la crème, les œufs et le vinaigre. Assaisonner et mélanger le tout. Assaisonner l'intérieur de la dinde avec le sel et le poivre, remplir de farce bien tassée.

Ficeler la peau de la cage thoracique de la dinde pour éviter que la farce n'en sorte, ainsi que le bout des pattes croisées. Badigeonner grassement la dinde avec le beurre ramolli, assaisonner de sel et de piment d'Espelette. Déposer les abattis et les ailes au fond de la rôtissoire. Mettre la dinde par-dessus et la mirepoix autour.

Mettre au four à 350 °F (180 °C) pendant 1 heure. Ajouter par la suite 500 ml (2 tasses) d'eau, baisser la température du four à 300 °F (150 °C). Couvrir d'une feuille de papier d'aluminium beurrée. Compter 20 minutes de cuisson par 500 g (1 lb). Pour une dinde de 6 kilos (12 1/4 lb), il faut compter à peu près 4 heures. Pendant toute la durée de la cuisson, arroser fréquemment avec le jus de cuisson, surtout après les 2 premières heures. Ne pas hésiter à ajouter un peu d'eau pour avoir l'équivalent de 1 litre (4 tasses) de bouillon environ au fond de la rôtissoire en fin de cuisson. Monter la température du four à 350 °F (180 °C) pour les 30 dernières minutes, si nécessaire, pour obtenir un rôtissage parfait.

TECHNIQUE (SUITE)

Pour la sauce

Retirer la dinde pour la déposer sur une tôle et la remettre dans le four éteint. Verser le jus de la rôtissoire dans un récipient (on peut utiliser une grande tasse à mesurer). Laisser le gras monter à la surface pour ensuite dégraisser le bouillon. Mettre la rôtissoire sur le feu puis déglacer avec le porto et le vin rouge. Ajouter le jus d'orange et le jus de canneberges. Laisser réduire de moitié puis ajouter le bouillon dégraissé. Réduire de nouveau jusqu'à la consistance voulue (un jus assez consistant). Passer la sauce au chinois et transvider dans une casserole. Ajouter les canneberges cuites dans le sirop et la purée de truffe noire. Rectifier l'assaisonnement puis réserver au chaud.

RISOTTO

à la courge « butternut »

Pour 10 personnes

INGRÉDIENTS

Crème et petits dés de courge

1 kilo (2 lb) de courge « butternut »

30 ml (2 c. à soupe) de beurre clarifié

1 oignon émincé

Environ 1 l (4 tasses) de bouillon de volaille ou d'eau

Sel et poivre au goût

Risotto

750 ml à 1 l (3 à 4 tasses) de bouillon de volaille

1 oignon épluché

250 ml (1 tasse) de riz carnaroli

30 ml (2 c. à soupe) de beurre

30 ml (2 c. à soupe) de crème 35 %

15 ml (1 c. à soupe) de parmesan

Sel et poivre au goût

LE VIN

Châteauneuf-du-pape
Château la Gardine
Côtes-du-Rhône, France

Moins de huit pour cent des vins de cette superbe appellation, qui a probablement la plus grande consonance en France, sont blancs. Ce rarissime « blanc-bec » rhodanien restera bien droit, au garde-à-vous, devant cette préparation crémeuse et onctueuse de risotto. Je vous suggère une bonne heure de carafe pour rendre ses généreux alcools volatiles.

TECHNIQUE

Pour la crème et les petits dés de courge

Couper la courge en deux dans le sens de la longueur puis retirer les graines. Recouper chaque demie de courge en deux dans le sens de la longueur puis éplucher en taillant la peau avec un couteau. Conserver le quart de la courge et les couper en petits dés.

Tailler le reste de la courge en gros cubes. Faire revenir dans une casserole les gros cubes de courge et l'oignon émincé avec un peu de beurre clarifié. Mouiller avec le bouillon de volaille ou de l'eau. Faire cuire jusqu'à ce que les cubes soient tendres. Passer au mélangeur pour obtenir une crème lisse et onctueuse. Assaisonner. Faire cuire les petits dés de courge dans l'eau bouillante salée. Ils doivent être cuits mais encore croquants. Laisser refroidir et égoutter.

Pour le risotto

Faire chauffer le bouillon de volaille. Hacher l'oignon finement. Rincer le risotto à deux reprises dans l'eau froide, puis égoutter.

Dans une casserole à fond épais, faire chauffer un peu de beurre pour faire revenir l'oignon (sans coloration). Ajouter le riz et poursuivre l'opération jusqu'à ce que les grains de riz deviennent translucides. Verser 250 ml (1 tasse) de bouillon et amener à ébullition. Lorsque le riz aura absorbé le bouillon, ajouter du liquide en petites quantités jusqu'à une cuisson parfaite du risotto. La cuisson devrait prendre de 18 à 20 minutes au maximum à feu moyen. Ajouter la purée et les dés de courge puis réserver.

Montage et présentation

S'assurer que la dinde est bien chaude. Elle peut être réchauffée à 250 °F (120 °C) avant de la servir. Sortir la dinde du four et la déposer sur une planche à découper. Verser le jus restant dans la sauce, la faire bouillir et écumer (pour la débarrasser de ses impuretés). Mettre les assiettes au four pour les réchauffer à 250 °F (120 °C). Ajouter la crème et le parmesan dans le risotto, puis le chauffer. Il doit rester assez coulant (ce n'est pas une purée de pommes de terre). S'assurer que tous les convives sont bien assis, sauf deux beaux-frères désignés pour assister le chef. Déposer la planche à découper avec la dinde sur une desserte qui sera placée près de la table ou les déposer directement sur la table dans un espace prévu à cette fin. Placer un linge à vaisselle sous la planche pour ne pas tacher la belle nappe.

Après les applaudissements, apporter le jus bien chaud tout près (si vous avez un réchaud, c'est le bon moment de l'utiliser. Comme ça, vous pourrez trancher votre dinde devant vos convives). Le premier beau-frère met le risotto dans les assiettes chaudes qu'il apporte une à une. Pendant ce temps, trancher les cuisses de côté, puis les suprêmes dans le sens de la longueur. Les trancher très minces et les déposer à plat près du risotto avec un peu de farce. Le deuxième beau-frère verse le jus bouillant sur les tranches fines de dinde. Servir les invités.

NOËL SANS FRONTIÈRES

3ᵉ temps

À Noël, qui n'a pas rêvé d'un monde sans frontières dans lequel on n'entendrait plus parler de guerre? Même si on a connu quelques différends pendant l'année avec des gens qui nous entourent, Noël incite à faire la paix autour d'un bon repas et d'un même objectif : le plaisir.

Je suis chanceux d'exercer un métier qui consiste à rendre les gens heureux. Je me sens comme un marchand de bonheur, un gourmand qui veut vous faire saliver et partager de bons moments en agréable compagnie.

Les grands dîners permettent de faire tomber les frontières pendant un moment. J'ai souvent eu la chance d'en préparer lors d'événements importants. Le plus mémorable fut celui du Sommet des Amériques. Réunis autour d'une même table, les 34 chefs d'État se sont régalés avec mon déroulé de caribou au foie gras, servi avec une sauce aux canneberges. Pour l'occasion, je devais absolument cuisiner des pommes de terre de l'Île-du-Prince-Édouard pour montrer aux États-Unis, plus précisément à M. Bush, que l'embargo sur les pommes de terre canadiennes n'était pas justifié. J'ai également servi une déclinaison de desserts à l'érable sur le thème de la cabane à sucre.

Pour cette période de réjouissances, je vous propose un petit cocktail dînatoire composé de cinq amuse-bouche représentant les cinq continents. J'ai pensé commencer par des briouats à l'agneau : ce sont des petits feuilletés faits avec des feuilles de brick. J'en ai mangé pour la première fois à Marrakech, au Maroc. La chair d'agneau est parfumée avec un savant mélange d'épices, puis roulée dans la feuille de brick. On plonge le tout ensuite dans la friture. C'est croustillant et léger.

L'Europe, plus spécialement la France, m'inspire un grand classique : une soupe à l'oignon faite avec des échalotes françaises, servie en flan dans des petits coquetiers et gratinée avec un fromage de Haute-Savoie, le Reblochon fermier.

Quant à l'Asie, elle sera représentée par un tartare de thon servi sur une croustille de taro: le thon haché sera naturellement parfumé avec du soja, du gingembre frais et du jus de yuzu japonais. Pour les Amériques, je vous propose un shooter d'huîtres au jus de betterave rouge, vinaigre de rose et liqueur de fraises des bois, arrosées de quelques gouttes d'huile de basilic et assaisonnées avec du poivre mignonnette.

Finalement l'Australie, la plus grande île au monde où l'on déguste beaucoup de fruits de mer à Noël – le 25 décembre tombe en plein été –, je cuisinerai du homard frais, servi dans une cuillère, avec une salsa de fruits exotiques.

SAVIEZ-VOUS QUE...

Les cocktails dînatoires sont de plus en plus populaires. Ce sont des repas organisés à l'occasion d'anniversaires, de fêtes spéciales, de mariages, de baptêmes, etc.

Petite ou grande réception, les convives restent en général debout pour manger des amuse-bouche et boire du vin et du champagne. Il faut prévoir une quinzaine de bouchées par personne en comptant également quelques amuse-bouche faits avec du fromage et quelques-uns sucrés. Il faut aussi prévoir au début du cocktail, une bouteille de champagne pour trois personnes et une bouteille de vin pour deux personnes, pour la suite.

Si vous le désirez, engagez une personne pour faire le service. Vous pouvez déposer les plateaux d'amuse-bouche sur une table comme pour un buffet. Les gens peuvent alors faire leur propre assiette. Il se vend des porte-verre, qui appuyés sur le pourtour des assiettes, permettent de déposer son verre et d'être à l'aise pour aller de l'un à l'autre durant la réception.

Cette façon de recevoir vous permet de préparer la majeure partie du repas avant que les invités n'arrivent. Vous pouvez ainsi passer plus de temps avec eux. Les cocktails dînatoires permettent aussi d'inviter un plus grand nombre de personnes dans un endroit restreint. Il y a deux fois moins de travail pendant le repas et les frais sont souvent moins élevés qu'un dîner gastronomique autour d'une table.

BRIOUATS
à l'agneau

Donne 24 petits feuilletés

INGRÉDIENTS

Farce à l'agneau

30 ml (2 c. à soupe) de beurre

1 oignon moyen

1/2 gousse d'ail

250 g (8 oz) d'agneau haché

30 ml (2 c. à soupe) de persil haché

1 pincée de safran

2,5 ml (1/2 c. à thé) de coriandre en poudre

2,5 ml (1/2 c. à thé) de cannelle en poudre

2,5 ml (1/2 c. à thé) de poivre moulu

3 œufs

Sel au goût

12 feuilles de brick

Coulis à la mangue épicée

1 mangue

15 ml (1 c. à soupe) de miel

15 ml (1 c. à soupe) de vinigre de riz assaisonné

1 pincée de cari

1 pincée de gingembre en poudre

Sauce piment asiatique au goût

Sel au goût

LE VIN

Cabernet Sauvignon Max Reserva
Errazuriz
Aconcagua, Chili

La texture grasse de ces petits feuilletés nécessite un vin d'une bonne onctuosité.

Ce velouté colosse chilien a passé 15 mois en barrique de chêne. Ses tannins sont encore biens serrés mais le produit est coulant et enveloppant.

Les pays de l'hémisphère sud nous réservent de superbes trouvailles à prix peu gourmands comme c'est le cas pour ce produit.

TECHNIQUE

Pour la farce

Faire chauffer le beurre dans une poêle. Ajouter l'oignon et l'ail hachés finement. Poursuivre avec la viande, le persil et faire revenir doucement Ajouter toutes les épices. Assaisonner. Quand la viande est cuite aux trois quarts, ajouter les œufs, un à un, hors du feu. Bien remuer pendant 2 ou 3 minutes, jusqu'à l'obtention d'une pâte homogène.

Pliage des briouats

Préchauffer la friteuse à 350 °F (180 °C). Poser une feuille de brick bien à plat, la couper en deux pour obtenir un demi-cercle, puis à nouveau en deux dans le sens de la longueur pour former une bande rectangulaire de 6 cm (2 1/2 po). Les deux bouts ne vous seront d'aucune utilité.

Déposer une bande de pâte et une cuillerée à thé de farce à la base de la bande. Replier la bande sur elle-même, de manière à obtenir un triangle. Continuer à plier de la même manière, tantôt d'un côté, tantôt de l'autre, en serrant légèrement, jusqu'à ce qu'il ne reste qu'une petite languette de feuille de forme arrondie. Coincer cette languette à l'intérieur pour éviter qu'elle ne se défasse à la cuisson. (On peut aussi les coller par l'intérieur avec un mélange assez épais d'eau et de farine. Mettre alors un peu de colle sur le bout de votre doigt puis sur le bout de la languette et presser pendant deux ou trois secondes.)

Plonger les briouats par six dans la friture pendant environ 1 minute. Ils doivent dorer. Retirer de la friteuse et laisser égoutter sur un papier absorbant.

Pour le coulis à la mangue épicée

Peler la mangue et la dénoyauter. Couper la chair en cubes. Faire chauffer une poêle avec le miel, ajouter les cubes de mangue, les épices et le vinaigre de riz. Cuire quelques minutes et passer le tout au mélangeur. Assaisonner avec le sel et pimenter à votre goût.

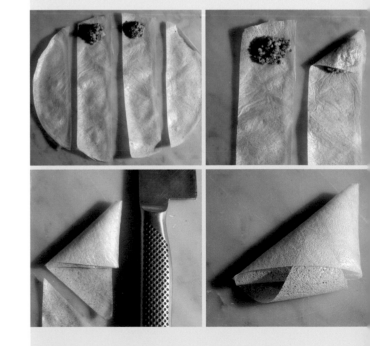

SOUPE À L'OIGNON
en flan

Donne 12 coquetiers

INGRÉDIENTS

Soupe à l'oignon en flan

150 gr (5 oz) d'échalote française
ou d'oignon rouge

30 ml (2 c. à soupe) de beurre

Quelques brindilles de thym

1 feuille de laurier

250 ml (1 tasse) de vin blanc

1 litre (4 tasses) de bouillon de volaille

15 ml (1 c. à soupe) de liqueur de chicoutai
(facultatif)

3 tranches de mie de pain

2 œufs

100 g (3,5 oz) de reblochon fermier

Sel et poivre ou goût

TECHNIQUE

Éplucher l'échalote, la couper en deux, l'émincer finement. Faire chauffer le beurre dans une casserole à fond épais pour y caraméliser les oignons. Ajouter le thym et le laurier. Déglacer avec le vin blanc et le réduire presque à sec. Ajouter le bouillon de volaille. Laisser mijoter pendant 30 minutes à feu moyen (il doit en rester 500 ml ou 2 tasses). Assaisonner et ajouter la liqueur de chicoutai. Réserver la soupe et la laisser tiédir.

Pendant ce temps, découper des cercles dans les tranches de mie de pain avec un emporte-pièce. Ils doivent être un peu plus petits que les coquetiers. Les rôtir légèrement au four. Fouetter les œufs pour ensuite les mélanger dans la soupe. Répartir dans de petits coquetiers jusqu'aux trois quarts, en prenant soin de verser en parts égales le bouillon et les oignons. Placer les coquetiers au bain-marie par six et laisser cuire durant 5 minutes à feu moyen, couvert. Lorsque les petits flans sont pris, déposer les croûtons dessus, parsemer de fromage et gratiner. Servir aussitôt!

TARTARE DE THON
au jus de yuzu

Donne environ 2 douzaines de bouchées

SHOOTERS D'HUÎTRES
au jus de betterave rouge

Donne 24 shooters

INGRÉDIENTS

Tartare de thon au jus de yuzu

250 g (8 oz) de thon de première qualité

7,5 ml (1/2 c. à soupe) de gingembre

15 ml (1 c à soupe) de sauce soja

15 ml (1 c. à soupe) de jus de yuzu
ou de jus de lime

45 ml (3 c. à soupe) d'huile de pépins de raisin

15 ml (1 c. à soupe) de ciboulette

15 ml (1 c. à soupe) d'échalote hachée

Poivre du moulin au goût

1 racine de taro (épicerie asiatique)
ou 2 pommes de terre Yukon Gold

Shooters d'huîtres au jus de betterave rouge

24 huîtres

500 g 1 lb) de betteraves rouges

30 ml (2 c. à soupe) de vinaigre de rose

15 ml (1 c. à soupe) de liqueur de fraises des bois

1 botte de basilic frais

250 ml (1 tasse) d'huile d'olive

Poivre au goût

LE VIN

Pessac-Léognan
Château de Cruzeau
Bordeaux, France

Cette spéculée région bordelaise nous livre des vins blancs
secs de haut niveau. La dominance de Sauvignon blanc
offre une vibrante acidité pour faire face au jus de yuzu et
sa fraîcheur exaltante sera réservée au thon. Le nez de ce très
beau « vino bianco de Bordeaux » est composé de subtils
effluves citronnés et quelle grande minéralité !!!

TECHNIQUE

Couper le thon en cubes très fins. Réserver dans un récipient, sur de la glace
concassée. Préparer la marinade : peler le gingembre, le râper finement. Le
placer dans un bol creux avec le soja, le jus de yuzu, l'huile de pépins de
raisin, la ciboulette et l'échalote hachée. Rectifier l'assaisonnement, surtout
le poivre, le soja faisant office de sel. Réserver au froid.

Croustilles de taro

Éplucher la racine de taro ou les pommes de terre. Trancher finement. Faire frire
dans l'huile à 300 °F (150 °C) maximum. Égoutter et saupoudrer légèrement
de sel. Mélanger la marinade avec le thon et assaisonner pour une préparation
plus relevée. Déposer une cuillerée de tartare de thon sur chaque croustille
et décorer avec des œufs de poissons volants.

Éplucher les betteraves, les passer à l'extracteur à jus. Cela devrait vous donner
250 ml (1 tasse) de jus. Dans une casserole, réduire le jus de betterave pour
qu'il vous en reste 160 ml (2/3 de tasse) et refroidir. Ajouter le vinaigre de rose
et la liqueur de fraises.

Pour préparer l'huile de basilic : passer le basilic frais avec l'huile au mélangeur,
puis passer au tamis fin. Nettoyer les huîtres sous l'eau froide. Au moment
du service, verser une petite partie de jus de betterave dans des petits verres
à shooter, ouvrir les huîtres, transvider dans les verres. Remettre un peu de
jus de betterave et quelques gouttes d'huile de basilic. Terminer avec un tour
de poivre du moulin. Je vous suggère de boire le verre d'un seul coup et de
croquer l'huître avant de l'avaler.

Note : On peut ajouter un peut d'eau dans la préparation si elle est trop acide.

HOMARD FRAIS
cuit au court-bouillon,
salsa de fruits exotiques

Donne environ 24 cuillères

...LES PRÉSENTS QUI ME TOUCHENT
LE PLUS SONT CEUX FABRIQUÉS
ARTISANALEMENT PAR LES
PERSONNES QUI LES OFFRENT...

INGRÉDIENTS

Court-bouillon

1 petit oignon

1 carotte

1 branche de céleri

30 ml (2 c. à soupe) d'huile d'olive

1 l (4 tasses) d'eau

1 branche de thym

1 feuille de laurier

8 grains de poivre

Le jus d'un citron

30 ml (2 c. à soupe) de sel de mer

1 homard femelle vivant de 750 g (1 1/2 lb)

Quelques graines de fleur de sel

Salsa de fruits exotiques

1 fruit du dragon (pitaya)

1 poire chinoise

1 mangue

1 papaye

45 ml (3 c. à soupe) d'huile de pépins de raisin

15 ml (1 c. à soupe) de vinaigre de riz assaisonné (Marukan)

15 ml (1 c. à soupe) d'échalote française

15 ml (1 c. à soupe) de ciboulette hachée

15 ml (1 c. à soupe) d'estragon haché

Sel et poivre

LE VIN

Chablis 1ᵉʳ cru Fourchaume
Domaine de Maligny
Bourgogne, France

Sec mais loin d'être squelettique, ce Chardonnay est épuré de toutes notes d'élevage en fût. La pomme verte et une colossale minéralité sauront facilement s'allier avec ce coloré crustacé. Cette propriété de grande notoriété appartenant à la sympathique famille Durupp est le plus important domaine indépendant de toute la Bourgogne.

TECHNIQUE

Pour le court-bouillon

Éplucher l'oignon et la carotte, les couper en petits dés. Émincer la branche de céleri. Faire revenir ces légumes durant quelques minutes dans une casserole avec l'huile d'olive. Ajouter un litre (4 tasses) d'eau, le thym, le laurier, le poivre, le citron et le sel de mer et porter à ébullition durant une dizaine de minutes avant d'y plonger le homard. Laisser cuire le homard durant 12 minutes. Le corail doit être cuit à l'intérieur. Retirer de l'eau et le déposer sur une tôle au frigo. Une fois qu'il est refroidi, le décortiquer complètement. (Voir page 146.)

Pour la salsa de fruits exotiques

Peler tous les fruits, les tailler en petits dés (brunoise) et les mettre dans un récipient. Mélanger le tout délicatement avec l'huile de pépins de raisin, le vinaigre, l'échalote, la ciboulette et l'estragon hachés. Assaisonner avec le sel et le poivre.

Montage

Déposer un peu de salsa dans des cuillères à soupe wonton. Trancher la queue, les pinces et les coudes de homard en lamelles et le passer dans le reste de la vinaigrette. Déposer les morceaux de homard sur la salsa. Ajouter quelques grains de fleur de sel sur le homard.

À LA PÊCHE
aux oursins, 12 heures top chrono

Ma passion pour les oursins m'a conduit à Havre-Saint-Pierre sur la Côte-Nord, en plein mois de décembre !

Pour la deuxième fois de ma vie, je n'ai pas hésité à parcourir plus de 1 000 kilomètres pour me rendre à l'endroit de prédilection pour la pêche de ces petits trésors gourmands.

La période qui s'étend de septembre à mars est idéale pour faire connaissance avec les oursins et le goût exquis des gonades que l'on trouve à l'intérieur de leur carapace. Mais c'est durant les mois de novembre et de décembre que les oursins sont à leur meilleur, car l'indice gonadique, en cette période, est le plus élevé de l'année. Cet indice sert à comparer le poids des gonades par rapport au total du poids de l'animal.

Il y a trois ans, mon ami John et un certain pêcheur du Havre nommé Omer m'ont initié à la façon singulière de pêcher les oursins en mer, à l'art de les préparer et à la façon de les déguster.

Depuis cette rencontre, mon intérêt pour les oursins n'a jamais cessé de grandir. Je m'intéresse à tout ce qui s'appelle oursin et je ferais n'importe quoi ou presque pour en déguster, tellement ces petits animaux marins invertébrés me fascinent.

C'est la raison pour laquelle j'ai accepté d'accompagner des amis de Montréal qui voulaient réaliser un reportage sur une de mes passions. Ce fut un immense plaisir que de les initier au monde captivant des oursins, mais aussi de leur faire découvrir les magnifiques îles Mingan et leur faire connaître la chaleur des habitants du Havre.

Nous avons vécu une expérience inoubliable en compagnie de notre guide John Doyle et de notre capitaine et plongeur, Gaétan Cassivy. Tous deux connaissent tous les recoins de la côte et, par conséquent, les emplacements des bancs d'oursins.

5 H 38

Je me lève quelques minutes avant la sonnerie du réveille-matin, trop excité pour dormir. Je me précipite à la cuisine du laurie raphaël pour ramasser quelques trucs avant le départ.

Dans ce genre d'expédition, j'apporte toujours ma trousse de secours : sauce soja bio, vinaigre de riz assaisonné, gingembre frais et mariné, citronnelle, huile de basilic, quelques douzaines d'huîtres, une boîte de caviar dans une glacière et quelques articles de cuisine.

7 H 30

L'avion s'envole. Deux heures plus tard, nous survolons déjà l'archipel des îles Mingan. Atterrissage en douceur à l'aéroport du Havre. Avec John, nous nous rendons au marché du village pour compléter nos provisions. Herbes fraîches (aneth, ciboulette et estragon), œufs, pain et beurre qui serviront à préparer un petit lunch. Nous achetons aussi deux moppes qui nous aideront à capturer les oursins si nous en voyons en eau peu profonde.

11 H

Sur le quai, nous attendons les deux embarcations qui nous conduiront près de l'île au Marteau. Mon ami John a déjà pêché une cinquantaine d'oursins et je commence à les casser avec un instrument spécial : une grosse pince rouge qui sert à percer en partie l'oursin. Une fois la pince enfoncée, on presse et l'oursin se casse en deux sans briser les gonades à l'intérieur.

Ce qui me fait tripper le plus avec les oursins, c'est que chaque fois que l'on casse une coquille, c'est une surprise qui nous attend, car on ne sait jamais quand on tombera sur un spécimen parfait : des gonades d'une belle couleur orangée et fermes mais qui éclateront quand on les pressera entre la langue et le palais.

...POUR LA DEUXIÈME FOIS DE MA VIE, JE N'AI PAS HÉSITÉ À PARCOURIR PLUS DE 1 000 KILOMÈTRES POUR ME RENDRE À L'ENDROIT DE PRÉDILECTION POUR LA PÊCHE DE CES PETITS TRÉSORS GOURMANDS...

Ces spécimens possèdent un goût légèrement sucré et iodé à souhait. Sur 100 oursins, on trouvera 10 de ces perles que je qualifie de qualité numéro un. J'utilise cette catégorie pour les ceviches et les sashimis. Ceux des catégories deux et trois servent à faire des brouillades d'œufs et des soupes aux oursins.

Au bord du quai, nous dégustons les premières languettes (gonades ou corail) et, déjà, j'entends les «mioum», les «j'en veux encore», les «je n'en ai jamais mangé d'aussi bonnes», les «c'est exceptionnel».

12 H 30

Arrivés près de l'île au Marteau, nous longeons le bord de la côte et notre capitaine nous indique qu'un banc d'oursins se trouve sous notre bateau.

L'eau est d'une transparence ahurissante, comme dans les mers du Sud. On peut voir à plusieurs mètres de profondeur. Nous accostons et débarquons dans l'île. La beauté des lieux en cette saison est à couper le souffle.

Notre plongeur, Gaétan, après avoir revêtu son habit de plongée, s'enfonce dans des eaux frôlant le 0 °C et disparaît pendant un moment.

Puis, des bouillonnements dans l'eau nous indiquent son retour avec sa chaudière munie d'un filet qui lui permet de ne pas perdre sa prise en remontant.

Grâce à lui, oursins, pétoncles d'Islande et bourgots feront partie du lunch que je réserve à mes amis dans le petit chalet que Parcs Canada a aménagé dans l'île. Je recommence à casser des oursins comme s'il s'agissait de pépites d'or. À l'aide d'une petite spatule que je fais glisser entre les gonades et la coquille, je dégage les languettes que je dépose dans un panier troué servant à rincer les oursins dans l'eau salée de la mer pour les nettoyer. J'ai les doigts complètement gelés et pourtant, je ne veux pas m'arrêter tellement je suis content !

13 H 15 DANS MA CUISINE

On s'installe dans le chalet. Sur un immense poêle à bois, John dépose un chaudron rempli d'eau de mer dans lequel je ferai tout mon repas.

John a apporté trois homards qu'il balance dans l'eau chaude avec quelques bourgots. Une copine trouve dans la corde de bois quelque chose qui ressemble à une planche à découper sur laquelle j'ouvre les huîtres que j'ai apportées. Je les aromatise avec un peu d'huile de basilic, d'échalotes françaises hachées, de quelques gouttes de jus de citron et d'un peu de caviar russe que j'ai caché dans ma glacière au laurie raphaël. Même Milinda, qui n'aime pas les huîtres, avale avec gourmandise.

Pendant que mes amis engouffrent leur premier service, je hache un peu de gingembre frais et d'estragon. John me donne les homards, qu'il a décortiqués avec les autres membres de l'équipage. Dans la casserole toujours posée sur le feu, je verse un peu de vin blanc et le beurre froid coupé en cubes. Une émulsion se produit, j'ajoute le gingembre et l'estragon haché, puis je plonge les tronçons de homard dedans. Mes amis se régalent et trempent du pain dans la sauce. J'ouvre deux douzaines d'huîtres. J'en dépose une demi-douzaine directement sur le poêle à bois.

Je fais revenir un peu d'échalote française dans un peu de beurre dans notre unique chaudron et je déglace avec le vin blanc. J'ajoute le jus des huîtres que je laisse réduire avant de crémer. Je fais réduire à nouveau, puis j'ajoute les huîtres et une bonne cuillerée à soupe d'aneth haché. Pour saler la préparation, je n'ai d'autre choix que d'ajouter le soja bio qui, à ma grande surprise, vient rehausser cette soupe aux huîtres que mes amis réunis autour de l'immense poêle dégustent à l'aide des demi-coquilles d'huîtres en guise de cuillères.

Les huîtres sur le poêle commencent à frétiller. Je les ouvre et les humecte d'un peu de vinaigre de riz, d'une goutte de sauce soja bio et d'un peu de gingembre frais. Wow! Une explosion de saveurs. J'en profite ensuite pour commencer la brouillade aux œufs d'oursins.

Je casse les 12 œufs bio que j'ai achetés au marché. J'y ajoute 200 ml (3/4 tasse ou 7 oz) de crème 35 %, je brasse énergiquement pendant que le fameux chaudron chauffe sur le poêle avec un peu de beurre frais.

D'un seul mouvement, je verse le mélange dans la casserole et je remue jusqu'à ce que les premiers grumeaux d'œufs apparaissent. J'ajoute ensuite, sans exagérer, un 500 g (1 lb) de gonades d'oursins. Du numéro un! Et je continue à remuer délicatement afin qu'on aperçoive encore des beaux morceaux de gonades à travers les œufs qui commencent à s'amalgamer.

C'est à ce moment que j'ajoute une bonne quantité de ciboulette ciselée et un peu de soja bio pour assaisonner à nouveau. Mes amis se servent à même le chaudron pour déguster la meilleure brouillade d'oursins que je n'ai jamais cuisinée. Le chum de Nathalie, Louis, qui n'était vraiment pas certain d'aimer les oursins, finira le chaudron en solitaire dans un coin du chalet, sans s'apercevoir que l'on rit de le voir engouffrer en un rien de temps le reste de ce mets exquis.

14 H 30

Nous devons pousser les bateaux, car la marée a baissé. Vite, en route pour la maison de John, car je veux absolument saluer sa mère, Simone, avant le départ. Avec sa gentillesse légendaire, elle a préparé un petit lunch pour notre retour en avion : aspic de crevettes, rillettes de pattes de porc, petits pains fraîchement sortis du four et sucre à la crème... Hallucinant!

17 H 38

Après 12 heures, top chrono, nous atterrissons à Québec. Je me dirige vers le resto pour arriver à temps pour le service. Pendant la soirée, bien que fatigué, je raconte mon voyage à mes clients. Une expérience hors du commun que celle de la pêche aux oursins...

...LA PÉRIODE QUI S'ÉTEND DE SEPTEMBRE À MARS EST IDÉALE POUR FAIRE CONNAISSANCE AVEC LES OURSINS ET LE GOÛT EXQUIS DES GONADES QUE L'ON TROUVE À L'INTÉRIEUR DE LEUR CARAPACE...

SAVIEZ-VOUS QUE...

Ce que l'on mange dans les oursins, ce sont les cinq glandes sexuelles qui baignent dans un liquide salé. Ces gonades, appelées aussi corail, sont d'une belle couleur orangée, un peu comme le corail des pétoncles. L'oursin étant hermaphrodite, ceux-ci sont à la fois mâles et femelles.

On surnomme l'oursin «hérisson de mer» à cause des piquants verts de deux centimètres qui recouvrent sa carapace et qui, chez certaines espèces, sont vénéneux.

Un autre surnom qu'on lui attribue est «châtaigne de mer» à cause de sa forme arrondie et de sa couleur assez foncée verte et violacée.

On s'intéresse aux oursins depuis des siècles au Japon et en Europe, mais seulement depuis quelques années au Québec. Pourtant, nos côtes canadiennes regorgent de ces oursins qui font le bonheur de mes papilles gustatives.

Leur goût est légèrement iodé et sucré à la fois. L'oursin violet mesure généralement entre six et huit centimètres. Les oursins s'achètent vivants, les piquants doivent être intacts.

On trouve aussi sur le marché des gonades sur des petites plaquettes de bois. Leur prix est d'environ 11 $ le 100 g. Lorsqu'ils sont entiers, le prix varie autour de 12 $ le kilo. Un kilo représente généralement neuf ou dix oursins et vous en retirerez environ 100 g de corail. Toutefois, ce ne sera pas nécessairement de la chair de première qualité, donc il sera donc important d'en acheter un peu plus.

Bonne dégustation !

OÙ FAIRE SON MARCHÉ

À Montréal, les poissonneries La Mer (www.lamer.ca) reçoive régulièrement les oursins. Ils sont disponibles entre octobre et mars.

À Québec, la poissonnerie Mer Québec offre le même service.

Si vous allez à Havre-Saint-Pierre, passez au marché Vigneault pour acheter vos oursins et profitez-en pour saluer Marius, le proprio. Pour une randonnée en bateau autour de l'archipel des îles Mingans, contactez Gaétan, notre capitaine, ou Jean Cassivy, son père, de la Tounée des îles inc. Pour plus d'info : www.tourismecote-nord.com

Pour trouver les légumes de M. Daigneault, allez chez Louis au marché Jean-Talon à Montréal et demandez Francine Boivin. Elle vend plusieurs de ses produits: minimesclun, légumes et minilaitues variées.

Pour le jus de yuzu et la sauce soja bio, on les trouve aussi à la poissonnerie La Mer. La sauce soja bio est chère (40 $ le litre) mais elle vaut son pesant d'or. D'un goût beaucoup plus raffiné, elle possède une texture sirupeuse et seulement quelques gouttes peuvent introduire beaucoup d'amour dans la recette proposée.

Quant au gingembre sauvage, on le trouve aux Jardins sauvages de François Brouillard www.jardinssauvages.com et à la Boutique du laurie raphaël.

CEVICHE DE CORAIL
D'OURSINS
aux jus de yuzu et d'ananas et gingembre sauvage

Pour 4 personnes

INGRÉDIENTS

1 kg (2 lb) d'oursins entiers

15 ml (1 c. à soupe) de gingembre haché (gingembre sauvage frais ou gingembre du commerce)

1 échalote française

1/2 ananas

15 ml (1 c. à soupe) de jus de yuzu japonais ou de jus de lime

15 ml (1 c. à soupe) de vinaigre de riz assaisonné (j'aime celui de marque Marukan, un peu sucré)

30 ml (2 c. à soupe) d'huile de pépins de raisin

100 g (3,5 oz) de minimesclun (comme celui de M. Daigneault) ou mesclun du supermarché

Sel et poivre au goût, facultatif : sauce soja bio

TECHNIQUE

Décortiquer les oursins.

Brosser les morceaux de racine de gingembre sauvage et les tailler finement. Éplucher et ciseler finement l'échalote française.

Retirer l'écorce de l'ananas avec un couteau tranchant et prendre soin d'éliminer les pics dans la chair à l'aide de la pointe d'un économe. Tailler une partie de l'ananas pour obtenir environ 30 ml (2 c. à soupe) de petits dés (fine brunoise) et passer le reste à l'extracteur à jus pour obtenir environ 250 ml (1 tasse) de jus. Faire réduire ce jus de moitié dans une casserole et laisser refroidir.

Dans un bol profond (cul-de-poule), mélanger ensemble l'échalote, le gingembre haché, les petits cubes d'ananas, le jus de yuzu, le vinaigre de riz assaisonné, le jus d'ananas et l'huile de pépins de raisin. Prendre la moitié de la marinade et y faire macérer le corail d'oursin pendant quelques minutes.

Mouiller le mesclun avec une cuillerée à soupe de marinade et ajuster l'assaisonnement. Déposer ensuite le mesclun au fond des coquilles et verser le ceviche par-dessus. Verser le restant de marinade autour des oursins avec quelques gouttes de sauce soja bio.

L'ATELIER
et ses secrets

Technique pour préparer les oursins

1. L'oursin s'ouvre à partir de la partie molle entourant sa bouche.

2. Avec des ciseaux pointus, on découpe sa coquille à mi-hauteur et après avoir retiré la calotte, on élimine l'appareil digestif et l'eau salée se trouvant à l'intérieur.

3. Pour retirer les gonades, faire glisser une petite cuillère à espresso entre celles-ci et la coquille. Rincer les gonades dans l'eau glacée légèrement salée et les égoutter. Réserver au froid.

4. Rincer également sous l'eau froide l'intérieur des coquilles d'oursin en frottant les parois avec ses doigts pour bien les nettoyer.

5. Faire égoutter les coquilles à l'envers pour les sécher.

Note : Certaines personnes utilisent des gants spéciaux en mailles pour ne pas s'enfoncer de pics dans les doigts. Dans mon cas, des petits gants de vinyle suffisent lorsque je les découpe et au moment de nettoyer l'intérieur car les parois des coquilles sont coupantes.

LE VIN

Chablis
William Fèvre
Bourgogne, France

L'acidité et la fraîcheur sont en demande pour l'union suivante. Cet éclatant Chardonnay issu d'une région fraîche est muni d'une haute minéralité et de séduisantes notes florales.

Que de beaux millésimes nous offre cette région septentrionale bourguignonne depuis quelques années !

LA GUERRE AU GRAS
le régime d'une vie

Vous avez tendance à prendre quelques kilos dans la période des fêtes ? Alors lisez bien ce qui suit !

Pendant le mois de décembre, on se régale et festoie à fond de train. Il est tout à fait normal d'abuser un peu et de constater un surplus de poids en janvier. Ce qui est moins normal, c'est de ne rien entreprendre pour le faire disparaître.

Il est alors temps de faire face à la situation et de déclarer la guerre au gras afin d'être capable d'attacher son pantalon à nouveau, de monter un escalier sans être essoufflé et d'atteindre l'équilibre alimentaire tant recherché après vos nombreux repas copieux du temps des fêtes.

Tout comme vous, j'ai tendance à laisser mes instincts gourmands prendre le dessus et je ne le regrette «presque» jamais. Je n'aime pas me priver des plaisirs de la vie... Je fais honneur à tous les festins qui se présentent. Le problème, c'est qu'ils ont pour conséquence de me laisser des poignées d'amour plus apparentes au-dessus de la ceinture. Mais je ne me laisse pas abattre pour autant, car j'ai plus d'un tour dans mon sac pour récupérer ma taille de jeune homme...

Afin de vous aider à retrouver et surtout à maintenir votre poids idéal, je vous livre aujourd'hui la façon dont je maintiens mon poids depuis plus quatre ans. Mon expérience personnelle m'a permis de mettre au point ma propre technique, sans suivre de diète stricte ou compter les calories.

Quand j'ai commencé ma carrière en cuisine, j'avais la ferme intention de devenir un grand chef mais pas un gros chef bedonnant, même si le métier que j'exerce m'amène à manger et à goûter sans arrêt, et ce, tous les jours.

Mais les années ont passé et je me suis retrouvé avec cette fameuse bedaine qui nous donne cette réputation de chef gourmand...

Par la suite, j'ai exploré et mis en pratique plusieurs diètes et philosophies connues : la guerre au gras, le yoga de la nutrition, les régimes Montignac, Minçavie et bien d'autres. J'en suis vite venu à la conclusion qu'il n'y avait pas de solutions miracles mais que chaque diète ou philosophie possédait des éléments qui me convenaient. J'en ai intégrés certains dans mon alimentation et ils m'ont beaucoup aidé à équilibrer la façon de me nourrir, à contrôler ma masse adipeuse et à améliorer mon état de santé général.

Gérer le plus rapidement possible mes écarts gourmands m'a semblé la façon la plus logique de contrer l'augmentation momentanée de mon poids. L'idée, c'est de ne pas paniquer mais de se mettre plutôt en état d'alerte avant d'être dépassé par les événements.

Étant de nature plutôt combative, j'ai mis au point un plan d'attaque efficace que j'utilise lorsque je commence à prendre du poids.

Le matin, au lever, je prends un verre de jus d'orange additionné d'une ampoule de «La racine de vie», un concentré naturel de plantes telles que l'échinacée, le ginseng, la spiruline, la gelée royale et le pollen d'abeille. Le tout a pour effet d'augmenter ma vitalité.

Ensuite, j'attaque mon bol de Muslix arrosées de lait à 1 % de matières grasses, surmontées de yogourt à la vanille et de tranches de banane bio. Parfois, je prépare ma version de la crème «Budwig». Après l'avoir goûtée à l'époque de sa grande popularité, j'ai décidé de la rectifier, au plus grand bonheur des miens. Ma version, que j'ai surnommée ma crème «Budforme», est plus facile à avaler. J'adore varier le menu du petit-déjeuner. De temps en temps, je cuisine des omelettes faites seulement de blancs d'œufs, de champignons et d'un peu de cheddar.

...MA STRATÉGIE CONSISTE AUSSI À ÉLIMINER DANS UN PREMIER TEMPS, LE PAIN BLANC (LA BAGUETTE), LES PÂTES BLANCHES, LES POMMES DE TERRE ET SURTOUT LES DESSERTS ET LA BIÈRE...

Ma stratégie consiste aussi à éliminer, le pain blanc (la baguette), les pâtes blanches, les pommes de terre et surtout les desserts et la bière. C'est plus facile qu'on pense.

C'est fou comme j'ai vraiment appris à cerner les subtilités du fromage et à l'apprécier encore plus en le dégustant sans pain. Au lieu de manger des pâtes aux fruits de mer, j'opte plutôt pour une salade tiède recouverte d'une brochette de crevettes rôties sous la salamandre, que je sers avec une salsa à l'avocat et un coulis de poivron rouge.

J'accompagne mes poissons préférés de légumes cuisinés comme du fenouil confit à l'huile d'olive ou de la mousseline de brocoli, de céleri-rave ou de chou-fleur. J'en profite pour me cuisiner des plats de viande servis avec des légumineuses, comme un savoureux chili con carne ou le fameux cassoulet de caille que je fais pour ma fille Laurie-Alex.

Dans ces périodes que j'appelle « repos de l'estomac », plutôt que diète, je réduis aussi considérablement la quantité de vin que je bois normalement.

J'ai tendance à consommer plus de fruits et d'aliments riches en fibres alimentaires.

MANGER ET BOUGER

Une bonne alimentation devient encore plus bénéfique et efficace lorsqu'elle est jumelée à une activité physique moyenne à intense trois fois par semaine.

Donc, je m'applique à ne pas manquer mes séances d'exercices et je mets plus d'énergie sur le *fat burning* plutôt que sur l'endurance musculaire ou le cardiovasculaire.

Lorsqu'on s'entraîne régulièrement, il est important de se nourrir d'aliments à valeur énergétique plus élevée afin de ne pas souffrir de manque de carburant. Certains suppléments de protéines ou de vitamines peuvent être indiqués si un manque d'énergie se fait sentir malgré une bonne alimentation. Ils aideront aussi à régénérer plus facilement les tissus des muscles endommagés à la suite d'efforts physiques soutenus et à récupérer plus rapidement son énergie après sa séance d'entraînement.

Je vous conseille néanmoins de consulter un spécialiste en nutrition sportive qui pourra vous aider à faire des choix adaptés à vos besoins.

Quand je suis réellement prêt à me prendre en main, un bon nettoyage de mon organisme s'avère nécessaire avant d'entreprendre la guerre au gras. Des tisanes à l'artichaut ou une cure au radis noir une fois ou deux par semaine me permettent de rééquilibrer mon système digestif et de désengorger mon foie. Cette guerre au gras dure généralement trois semaines. Je perds entre trois et cinq livres, assez pour retrouver mon poids santé. Et je reprends par la suite mes habitudes alimentaires normales, en conservant bien sûr mes activités physiques.

Je pense qu'il est impératif d'adopter un régime de vie sain conforme à sa personnalité. L'important, ce n'est pas de croire les yeux fermés à des solutions miracles, mais plutôt d'expérimenter différentes avenues. Chaque personne est unique et doit rechercher ce qui est bon pour elle.

Il est primordial de vous fixer certains buts à atteindre et de vous motiver constamment. Prenez conscience que votre corps n'est pas une machine et que son bon fonctionnement nécessite des moments de répit pour le maintenir en santé. Soyez attentifs à vos besoins et passez à l'action.

« Un esprit sain dans un corps sain », dit la maxime. L'art de vivre doit se fonder sur une sagesse prudente, inspirée par le bon sens et la tolérance. Il en est de même dans l'art de se nourrir.

SAUMON FRAIS
à la mignonnette de café, fenouil confit
à l'huile d'olive et parfumé à la fleur de sel

Pour 4 personnes

SAVIEZ-VOUS QUE...

Le célèbre Paul Bocuse, qui est considéré comme le pape de la gastronomie, écrivait qu'il avait perdu 50 kilos seulement en diminuant de moitié la quantité de nourriture qu'il mangeait dans un repas. En général cela consiste, pour la plupart des gens, à ne couper que la deuxième assiettée, celle qui est souvent de trop.

Selon Statistique Canada, 70 % de la population canadienne est considérée comme sédentaire, ce qui veut dire que ces personnes ne font aucune activité physique. Marcher 35 minutes par jour ou faire de la bicyclette trois fois par semaine suffit pour ne plus faire partie de cette catégorie.

INGRÉDIENTS

Saumon frais et mignonnette de café

1 filet de saumon frais, sauvage ou biologique
de préférence de 500 à 625 g (1 lb à 1 1/4 lb)

30 ml (2 c. à soupe) de grains de café

5 ml (1 c. à thé) de sel de mer moulu

15 ml (1 c. à soupe) de beurre clarifié

Bulbes de fenouil

2 bulbes de fenouil moyen

500 ml (2 tasses) d'huile d'olive

500 ml (2 tasses) d'huile végétale

5 ml (1 c. à thé) de fleur de sel

Salade de haricots verts extra-fins et tomates-cerises

250 g (1/2 lb) haricots verts extra-fins

12 tomates-cerises

Émulsion à l'orange

500 ml (2 tasses) de jus d'orange (environ 6 oranges)

15 ml (1 c. à soupe) de miel
(si les oranges ne sont pas très sucrées)

1 jaune d'œuf

80 ml (1/3 tasse) d'huile d'olive de cuisson
du confit de fenouil

Sel et poivre au goût

LE VIN

Malvasia Bianca
Bonny Doon
Californie, États-Unis

Il n'y a pas que le classique et surabondant Chardonnay qui pousse en Californie...

Il est sec mais possède une texture enveloppante. Cet émoustillant vin blanc aux percutants arômes de lime et de menthe fraîche sera en parfaite symbiose avec ce poisson mouillé par une émulsion d'orange.

TECHNIQUE

Pour le saumon frais

Retirer la peau en faisant glisser la lame du couteau entre celle-ci et le filet. Détailler le filet de saumon en quatre parties égales.

Pour la mignonnette de café

Moudre assez finement les grains de café au mortier. Ajouter à ce mélange le sel de mer moulu. Réserver pour la cuisson.

Pour les bulbes de fenouil

Tailler les branches de fenouil près des bulbes. Les réserver pour une autre utilisation. Déposer les bulbes dans une casserole au rebord élevé et les recouvrir complètement avec les huiles. Faire cuire à faible ébullition pendant 2 heures ; l'huile doit à peine frémir. Pour vérifier si la cuisson est à point, percer les bulbes avec la lame d'un couteau. Elle devrait y entrer facilement. Retirer la casserole du feu et laisser tempérer dans l'huile.

Pour la salade de haricots verts extra-fins et tomates-cerises

Faire cuire les haricots verts extra-fins dans l'eau bouillante salée (ils doivent demeurer croquants) et les faire refroidir. Couper les tomates-cerises en quartiers et les épépiner.

Pour l'émulsion à l'orange

Faire réduire du trois quarts le jus avec le miel. Il devrait en rester environ 125 ml (1/2 tasse). Laisser tiédir et ajouter le jaune d'œuf. À l'aide d'un pied mélangeur, émulsionner en incorporant lentement l'huile d'olive. Assaisonner.

Cuisson

Saupoudrer une seule face des filets de saumon avec la mignonnette de café et bien taper pour que le mélange y adhère bien. Faire chauffer le beurre clarifié dans une poêle antiadhésive et faire saisir les filets côté café pendant 2 minutes. Retourner les filets et cuire à nouveau 2 minutes. Réserver au chaud.

Montage et présentation

Couper les bulbes de fenouil dans le sens de la longueur en tranches de presque 2 cm (3/4 po) d'épaisseur. Badigeonner d'huile d'olive et ajouter quelques cristaux de fleur de sel. Les faire chauffer. Déposer une tranche de fenouil confit dans chaque assiette avec un peu de salade de haricots et de tomates-cerises mélanger avec l'émulsion à l'orange. Adosser le filet de saumon sur la tranche de fenouil et verser quelques gouttes d'émulsion autour du saumon.

SAVIEZ-VOUS QUE...

Les maladies cardiovasculaires, l'une des premières causes de décès au Canada, seraient directement liées à la surconsommation de gras saturé, au tabagisme, au stress, au manque d'exercice physique et à l'obésité.

Le taux d'obésité augmente de façon considérable depuis 15 ans en Amérique du Nord, entre autres chez les enfants. La quantité de sucre qu'ils absorbent, 35 kilos par an, serait l'une des principales causes suivie de la quantité d'autres aliments à index glycémique élevé (pommes de terre, maïs, riz blanc, farine blanchie, croustilles, frites, maïs soufflé, pain blanc, etc.) qu'ils mangent. Le pire dans tout ça, c'est qu'on combine ces éléments à des gras saturés, l'une des meilleures façons pour stocker les graisses. Mais bonne nouvelle : la masse adipeuse prise en peu de temps aura tendance à fondre plus rapidement que celle qui est stockée depuis quelques années, une raison de plus pour ne pas attendre pour la mettre en échec.

MARRAKECH
ville des mille et une saveurs

Par le hublot de l'avion, en survolant la Méditerranée, j'aperçois l'imposant rocher de Gibraltar. Quel spectacle! Dans quelques minutes nous serons au-dessus du Maroc et nous verrons Tanger et Casablanca.

Au loin, une oasis se dessine en plein milieu du désert. Ce n'est pas un mirage... c'est Marrakech! Une ville construite en terre argileuse, de couleur rouge brique, située à quelques dizaines de kilomètres des magnifiques montagnes du Haut-Atlas. Durant toute l'année, on peut observer les neiges éternelles. Skier en Afrique, pourquoi pas? Mais pour moi, c'est un peu comme vendre des réfrigérateurs aux Esquimaux, je n'aurais jamais cru cela possible...

Mes amis, Foued et Marco, m'attendent à l'aéroport pour m'amener dans leur paradis. Je passerai une semaine à découvrir cette ville envoûtante. Une ville où l'on peut déguster une des meilleures cuisines au monde! Parfumée, odorante et enivrante, la cuisine marocaine m'a littéralement séduit. Les savants mélanges d'épices, avec lesquels on assaisonne les plats populaires, ont excité mes papilles gustatives.

La cuisine du Maroc est un art de vivre et d'accueillir. Chaque étape importante du cycle de la vie est prétexte à déguster des mets particuliers. Tout au long de la journée, des petits rituels confirment un savoir-vivre exceptionnel. Que ce soit un plateau garni de plusieurs variétés d'olives et de noix présenté avant chaque repas ou le thé à la menthe servi à quelques reprises pendant la journée, ces petites attentions arrivent toujours au bon moment pour ranimer les sens.

Le premier souper en compagnie de mes amis fût mémorable! Le tajine de jarret d'agneau de Gémilla (la cuisinière de la maison) était sublime. Il avait mijoté longuement avec des pruneaux et des amandes. Son parfum embaumait toute la salle à manger.

J'ai découvert aussi ces fameux briouats: petits feuilletés préparés avec des feuilles de brick garnies de viande hachée épicée et frits dans l'huile. Quel régal! La pâte croustillante fondait dans la bouche.

J'ai vite senti que cette aventure gastronomique serait l'une des plus enrichissantes de ma vie. Chaque jour était source de découvertes, comme si je reculais dans le temps pour découvrir une civilisation que je croyais n'exister que dans mes rêves.

LES SOUKS

J'ai marché de longues heures dans les souks à contempler les étals d'épices multicolores, disposées en immenses tas coniques réalisés à l'aide d'un tamis circulaire. L'odeur du paprika, du cari, du cumin et de la cannelle se répandait dans tout le marché. Un véritable labyrinthe où fabricants de lampe, marchands de tapis et vendeurs de tissus se disputent les clients pour leur arracher leurs derniers dirhams.

J'ai compris que je devais négocier chaque achat pour éviter de me faire escroquer. J'ai visité quatre marchands d'épices avant d'acheter mon safran: 20 g pour 100 dirhams (10 $), trois fois moins cher que le premier marchand et dix fois moins que ce que cela m'aurait coûté au Québec (environ 50 $ pour du safran iranien).

Les comptoirs de pâtisseries sont garnis de plusieurs variétés de petits gâteaux faits avec du miel et des dattes, aromatisés d'eau de fleur d'oranger ou d'eau de rose, parfois enrobés de pistaches émiettées et de poudre de noisettes. Ces pâtisseries portent des noms amusants comme «cornes de gazelle». Les Marocains appellent aussi les jeunes femmes «gazelles». Ces pâtisseries sont servies lors des réceptions de mariage et ressemblent à des quartiers de lune.

...LA CUISINE DU MAROC EST UN ART DE VIVRE ET D'ACCUEILLIR. CHAQUE ÉTAPE IMPORTANTE DU CYCLE DE LA VIE EST PRÉTEXTE À DÉGUSTER DES METS PARTICULIERS...

LA MAISON DE RÊVE (DAR AHLAM)

Après avoir traversé le Haut-Atlas dans le petit avion de mon ami Foued et admiré la splendeur des cimes enneigées, nous avons atterri au beau milieu de nulle part. Nous sommes ensuite montés dans une jeep pour aller voir les dunes de sable hautes comme des montagnes, là où vivent les hommes bleus, les nomades du désert.

Il n'y a rien comme une promenade sur un dromadaire pour comprendre ce que peut être le désert, sa solitude, son silence et son immensité. Nous nous sommes ensuite dirigés vers Ouarzazate, une petite ville du sud-est marocain, en plein cœur du désert. Tout près de là se trouve la Palmeraie de Skoura.

À la croisée des chemins, deux choix s'offraient à nous : 1 000 kilomètres à dos de dromadaire pour se rendre à Tombouctou (!) ou quelques kilomètres pour se détendre dans un havre de paix, un lieu nommé Dar Ahlam (maison de rêve). Nous n'avons pas hésité longtemps.

Dès notre arrivée, nous avons pris un repas sous une ombrelle de plantes vertes. On nous a d'abord servi des tranches de kesra (pain rond coupé en pointes signifiant le partage), grillé et aillé, accompagné d'avocat. Cela avait l'allure de crostinis moelleux. Le repas s'est poursuivi avec de délicieuses boulettes de riz farcies de viande hachée, des côtelettes d'agneau grillées à point et des salades de tomates et de concombres. Pour dessert, nous avons eu droit à un rafraîchissant carpaccio d'ananas parfumé à la coriandre et au citron vert. Après quelques verres de thé à la menthe, nous sommes rentrés à Marrakech avant que la nuit ne tombe et que le vent soulève le sable et empêche notre avion de voler.

RETOUR À QUÉBEC

De retour au Québec, j'ai décidé de préparer un repas marocain traditionnel à la maison pour mes amis. Vêtus de djellabas, nous nous sommes délectés en regardant nos photos de voyage.

J'ai été étonné de trouver si facilement les ingrédients originaux qui composent cette cuisine. Même certains objets que j'ai rapportés étaient disponibles dans ma ville.

Un couscous à l'agneau, un tajine de poulet aux citrons confits et olives, des brochettes de kefta et un zalouk d'aubergines sont des recettes assez simples à cuisiner.

N'hésitez pas à fouiner dans les épiceries maghrébines pour trouver les ingrédients qui vous feront découvrir de nouvelles saveurs. Consultez également des livres de cuisine spécialisés sur la cuisine marocaine. C'est une façon peu coûteuse de voyager. Quant à moi, cela m'aide à retrouver les parfums envoûtants de la cuisine de Gémilla et le souvenir de l'accueil chaleureux de mes amis Foued et Marco !

TAJINE DE POULET
aux citrons confits et olives

Pour 4 personnes

SAVIEZ-VOUS QUE...

La cuisine marocaine puise sa richesse dans des cultures très anciennes, grâce aux différents peuples qui ont commercé avec le Maroc : les Berbères, les Arabes, les Andalous et les juifs expulsés d'Espagne.

La cuisine marocaine est une cuisine de femmes. Elles possèdent un savoir-faire ancestral qu'elles transmettent de mère en fille, de génération en génération.

L'homme, en revanche, est maître à l'extérieur. C'est lui qui s'occupe du méchoui, des brochettes sur le grill et qui prépare le rituel du thé à la menthe. Les épices doivent être achetées en petite quantité, car elle s'éventent rapidement et perdent les subtilités de leur parfum. Il faut les mettre dans des boîtes hermétiques, à l'abri de la lumière.

On cultive beaucoup d'olives dans la région de Marrakech, de Beni Mellal et d'Agadir. Les olives séchées au soleil sont particulièrement délicieuses. Elles sont rouge orangé.

Originaires du Brésil, les piments ont été rapportés par Christophe Colomb il y a 500 ans, puis introduits un peu partout en Europe et en Afrique. Ils servent à la fabrication de la harissa, un mélange de carvi, de poivre, d'ail, de sel et de petits piments rouges marinés dans du jus de citron, du vinaigre et du sel pendant deux semaines.

INGRÉDIENTS

1 gros poulet de grain de 1 1/2 à 2 kilos (3 à 4 lb)

1 gros oignon espagnol

45 ml (3 c. à soupe) d'huile d'olive

2 gousses d'ail hachées

30 ml (2 c. à soupe) de coriandre fraîche hachée

30 ml (2 c. à soupe) de persil frais haché

2,5 ml (1/2 c. à thé) de cumin en poudre

2,5 ml (1/2 c. à thé) de piment doux moulu

2,5 ml (1/2 c. à thé) de pistil de safran

Sel au goût

500 ml (2 tasses) d'eau

3 citrons confits

18 grosses olives vertes dénoyautées

0,5 ml (1 pincée) de cumin en poudre

Le tajine est un plat rond traditionnellement fait de terre cuite épaisse et recouvert d'un couvercle pointu. Au Québec, on trouve celui de la compagnie Le Creuset, en fonte émaillée. Je préfère cependant cuisiner ce plat rustique dans une rôtissoire et le transverser dans le tajine pour la présentation, ainsi.le poulet se conserve au chaud jusqu'au moment du service. Je dépose le tajine au centre de la table, puis je retire le couvercle. Les convives peuvent ainsi se servir à leur guise.

LE VIN

Sauvignon blanc
St. Supéry
Californie, États-Unis

Les tendances gastronomiques marocaines et la viticulture américaine croiseront le fer pour cet accord vivifiant des plus mélodiques.

Une fraîcheur superbe, une bouche droite, franche et moderne. Ce vivace, typé, et vibrant sauvignon fera une union explosive avec cette recette de grande prestance.

TECHNIQUE

Couper votre poulet en huit parties égales. Vider l'intérieur du poulet. Couper le bout des ailes. Séparer les cuisses du poulet et les couper en deux vis-à-vis de l'articulation. Réserver. Sectionner les côtes pour retirer le coffre du poulet à l'aide d'un ciseau à volaille. Vous obtiendrez ainsi la poitrine double sur l'os. Diviser la poitrine en deux au centre en coupant dans le cartilage. Recouper les poitrines sur l'os en deux parties.

Préchauffer le four à 375 °F (190 °C). Éplucher l'oignon et le couper en deux. Émincer finement en demi-rondelles. Faire chauffer l'huile d'olive dans une rôtissoire ou une cocotte pouvant contenir les huit morceaux de poulet côte à côte. Faire fondre doucement dans l'huile l'oignon émincé et l'ail haché puis ajouter la coriandre, le persil haché et les épices.

Ajouter les morceaux de poulet et bien les mélanger avec les oignons et les épices. Verser l'eau et remuer à nouveau. Ajouter le sel très délicatement car les citrons confits que vous rajouterez plus tard sont très salés. Disposer les morceaux de poulet côté peau dans le bouillon et amener à ébullition sur le feu. Mettre le couvercle sur la rôtissoire et cuire au four pendant 45 minutes à 375 °F (190 °C).

Retirer le couvercle de la rôtissoire et retourner les morceaux de poulet. Poursuivre la cuisson sans couvrir à 425 °F (220 °C) pendant 20 minutes pour rôtir la peau qui devrait prendre une belle teinte dorée à cause des épices. Pendant ce temps, couper les citrons en quartiers et ne conserver que l'écorce. Émincer pas trop finement. Trancher les olives en rondelles. Sortir la rôtissoire du four et déposer un à un les morceaux de poulet sur une tôle.

Ajouter les lanières de citron, les olives et la pincée de cumin dans le bouillon. Verser un peu d'eau, au besoin, si le bouillon a trop réduit. Laisser mijoter doucement pour que la sauce prenne le goût. Un bon tajine ne devrait jamais être gras et la sauce qui l'accompagne est onctueuse, jamais liquide.

Montage et présentation

Verser la sauce dans le tajine et mettre les morceaux de poulet. Déposer le couvercle. Réserver au four jusqu'au moment du service.

J'aime servir le tajine avec du couscous parfumé à l'huile d'olive et une salade de carottes au cumin ou une salade de poivrons verts et tomates mondées aromatisée avec du persil, du cumin, du jus de citron et de l'huile d'olive.

SAVIEZ-VOUS QUE...

Ce sont les Grecs qui auraient découvert l'oranger au Maroc et l'auraient replanté ailleurs en Méditerranée. Les oranges y sont cultivées naturellement et sont exportées partout dans le monde.

Le Maroc est le seul pays où pousse l'arganier. Cet arbre, qui ne craint ni la chaleur et ni sécheresse, se plaît dans le désert. Ses fruits ressemblent à de grosses olives jaunâtres et possèdent une amande dont on extrait une huile délicieuse, très prisée par les plus grands chefs du monde.

Les fines herbes possèdent de nombreuses vertus selon les Marocains : le persil plat est un reconstituant, l'absinthe est réputée pour donner de l'appétit, le thym est tonique et antiseptique, la sauge et la verveine facilitent la digestion et le basilic est le roi de la longévité.

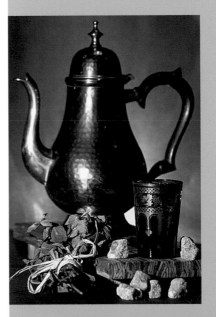

AMOUR CRU
cuisiner sans cuire

Manger cru est une nouvelle tendance qu'on retrouve un peu partout sur la planète. Pourquoi manger cru? Quels avantages seraient reliés à cette nouvelle façon de transformer les aliments? D'où viennent ces nouvelles habitudes? Quelles sont les règles à respecter lorsque l'on cuisine «le cru»?

J'ai pensé répondre à ces questions, car cuisiner cru pourrait bien vous être utile dans la préparation d'un repas pour séduire votre âme sœur à l'occasion de la Saint-Valentin. Il me semble que nos valentins et valentines méritent ce qu'il y a de mieux ce jour-là. Alors pourquoi ne pas sortir vos meilleurs atouts culinaires et surprendre l'être aimé?

Je vais non seulement vous donner des idées pour conquérir l'amour de votre vie, mais aussi vous démontrer qu'on peut le faire sans passer une journée devant son fourneau. Et par conséquent, il n'est pas toujours nécessaire de cuire les aliments pour leur donner du charme et du caractère, deux éléments plus que nécessaires dans le processus de séduction.

MAIS AVANT, PARLONS CRU

Qu'est-ce que cette nouvelle façon de s'alimenter? Est-ce une mode passagère? Sûrement pas en Asie où l'on mange cru depuis des millénaires. Par contre, les Européens et les Nord-Américains s'intéressent davantage au cru depuis quelques années seulement. Je crois qu'on découvre une manière de se nourrir qui s'adapte bien à nos modes de vie modernes et à nos nouveaux objectifs de santé. Cette tendance à manger des aliments moins transformés (moins cuits) coïncide principalement avec l'amélioration de la qualité des produits que l'on trouve sur les étals publics.

Si on y pense bien, ça ne fait pas si longtemps que l'on trouve de nombreuses variétés de poissons, de fruits et de légumes exotiques frais à l'année, et ce, dans toute la province. Il faut dire aussi que les transports modernes facilitent de beaucoup l'approvisionnement des produits frais vers les centres urbains, les banlieues et les régions plus éloignées des grands centres.

Cuisiner cru, c'est avant tout cuisiner selon les disponibilités du marché et faire le meilleur choix possible parmi les nombreux produits offerts. Lorsqu'on veut manger cru, certaines règles doivent être respectées au moment des achats pour sélectionner les produits les plus frais et les plus savoureux. Il faut, entre autres, choisir des denrées selon les saisons de cueillette, faire attention à la provenance et au mode d'élevage. Privilégier les produits naturels, bios ou sauvages est un autre gage de réussite si on veut le maximum de goût.

Au marché, demandez à goûter aussi souvent que possible. Maintenir sa vue et son odorat en éveil permet de bien évaluer la qualité des produits, car la fraîcheur des aliments est un atout important dans ce genre de cuisine qui met tout l'accent sur la pureté des goûts.

Les textures et les goûts du cru sont différents, les formes et les couleurs inhabituelles. De plus, ce mode de préparation préserve les qualités nutritives des aliments qui sont souvent appauvries, pour ne pas dire détruites, par des modes de cuisson inappropriés.

Faites-vous confiance et osez cuisiner cru. Je vous propose spécialement pour la Saint-Valentin, de me suivre dans ce domaine que j'ai perfectionné tout au long de mes vingt-cinq ans en cuisine. Ceux qui me connaissent savent à quel point j'adore le cru et combien il est présent dans ma cuisine. Cuisiner cru vous permettra de découvrir un monde fascinant de saveurs authentiques et sensuelles.

...CUISINER CRU,
  C'EST AVANT TOUT CUISINER
  SELON LE MARCHÉ...

DANS MA CUISINE

Les recettes les plus populaires de mon répertoire sont plutôt faciles à réussir, les présentations sont simples et délicates. Un de mes grands classiques est le tartare de saumon sauvage parfumé à l'huile de homard : des petits cubes de saumon sont prélevés dans une partie sans arêtes et sans chair brune située le long du filet, sous la peau. J'aromatise cette chair de poisson avec de l'échalote française ciselée finement, un mélange de ciboulette, d'aneth et d'estragon et un filet d'huile de homard que je concocte au resto. Je mélange tous ces ingrédients, humecte la préparation de jus de citron, puis je l'assaisonne avec du poivre du moulin et du sel fin de mer. Pour la présentation, je moule le tartare dans des cercles de métal et j'enroule cette préparation avec une tranche de concombre anglais mariné. J'accompagne le tout d'une crème fraîche acidulée et de croustilles faites avec une racine asiatique appelée taro. Un vrai délice qui pourrait raviver un cœur solitaire.

Mon tartare de canard au soja et cinq-épices est aromatisé avec du gingembre, du soja, du blanc de poireaux, du vinaigre de riz et d'une part d'huile de noix pour cinq parts d'huile de pépins de raisin. Je ne garantis pas que vous pourrez terminer de le déguster avec votre bien-aimé(e) tellement sa texture est suave et sensuelle.

Enfin, mon carpaccio d'émeu parfumé à l'huile d'olive extra-vierge, servi avec une salade de mâche parfumée à l'huile de truffe, est à faire chavirer les cœurs. Et c'est avec mon ceviche de pétoncles, comme ma blonde Suzanne le préfère, que vous risquez de mettre le grappin sur votre conquête pour au moins vingt-cinq ans... Croyez-en mon expérience !

De fines lamelles de pétoncles sont marinées dans un jus d'agrumes pendant qu'une julienne de poivrons multicolores dégorge avec du sel.

Quand l'eau de végétation des poivrons est exsudée, il suffit de les presser, de jeter l'eau salée et ensuite de les ajouter aux lamelles de pétoncles baignant dans le jus d'agrumes. On verse ensuite quelques gouttes d'une huile d'olive douce, on assaisonne et le tour et joué. Des croustilles de maïs natures constituent l'accompagnement parfait pour ce plat plutôt exotique.

Les tartares d'huîtres au caviar, le ceviche d'oursins au jus de yuzu et d'ananas, les rouleaux de tartare de thon comme mon ami Patrice les préfère, le gravlax de saumon et son espuma aux deux moutardes, les pétoncles coquilles au jus de fraises et vinaigre de rose ne sont que quelques autres exemples de plats qui peuvent solliciter vos papilles gustatives pour mieux jouir de votre repas en tête-à-tête.

La cuisine du cru, c'est aussi une gaspacho de tomates et fraises arrosée de quelques gouttes d'huile d'olive et vinaigre balsamique ; des figues farcies de fromage Neige de brebis parfumées avec du sirop d'érable ; une salade d'asperges et de fenouil crus tranchés finement sous la mandoline chinoise et arrosés d'une vinaigrette parfumée à l'huile d'olive et jus de citron.

La cuisine du cru est simple et rapide à préparer. À vous de sélectionner le meilleur prosciutto que vous enroulerez autour du meilleur cantaloup, le meilleur fromage au lait cru que vous dégusterez avec les meilleurs fruits frais, ou les meilleurs avocats que vous mixerez au robot avec du jus de citron vert et de la fleur de sel. Et sur cette crème, vous ajouterez le meilleur caviar.

Pour la Saint-Valentin, je vous offre des lamelles de bœuf Angus aromatisées avec une marinade au jus de champignons frais, de la sauce soja bio, du vinaigre balsamique et de l'échalote verte hachée. Je l'accompagne avec des rouleaux d'aubergines chinoises marinées et farcies, une salade de légumes asiatiques crus et parfumés avec de la coriandre, du basilic thaï frais et la même marinade.

SAVIEZ-VOUS QUE...

Dégustés crus, la viande et le poisson produisent un effet de satiété beaucoup plus rapidement parce qu'ils contiennent des protéines qui se transforment en acides gras aminés pendant la digestion. Or, le foie, lorsque les besoins métaboliques immédiats sont satisfaits, convertit les molécules protéiques superflues en glucides et en acides gras pour les convertir en kilos généralement excédentaires.

En diminuant la quantité de protéines consommée, on réduit les occasions pour le foie de procéder à ces transformations. C'est autant de kilos en moins en perspective.

LA CONSCIENCE COLLECTIVE

Il est évident que consommer moins de protéines animales contribue du même coup à réduire les dégâts importants sur l'environnement, sur notre santé et sur la qualité de vie des animaux. Il ne faut pas oublier que des viandes vendues à bas prix proviennent du bétail nourri avec des compléments nutritifs et énergétiques pour obtenir rapidement le poids désiré. Alors, il vaut mieux privilégier des viandes de qualité vendues à un prix correspondant, achetées et servies en petite quantité.

POPULARITÉ DU CRU AU QUÉBEC

La consommation de poissons crus au Québec s'est accrue avec l'arrivée des sushis bars, dont Mikado, Soto, Katsura et compagnie qui ont été, bien sûr, les précurseurs. Plusieurs restos branchés des grandes villes ont emboîté le pas depuis en créant dans leurs établissements des sections pour la préparation de sushis.

Aussi, depuis quelques années, c'est du prêt-à-manger qu'on nous propose. Les sushis pour apporter sont le nouveau *take-out* à la mode. Cet engouement partout dans le monde pour les sushis m'a toujours impressionné. Nous, consommateurs, sommes prêts à payer des fortunes pour ces petites bouchées qui contiennent souvent une infime quantité de poisson cru, mais qui régalent tant nos palais.

À New York, le cru fait des ravages. Il y a même un restaurant nommé Cru dans un hôtel populaire de Soho. J'y ai dégusté, avec mon ami Laprise, une grande variété de plats crus : des sashimis de poissons entourés de légumes, de fines tranches de kampachi servies sur une julienne de radis et de micro-céleri, aromatisées avec un sel à la lime, un shooter avec jus de concombre et mangue recouvert de caviar, une langoustine crue sur une salade de papaye verte et truffe fraîche. Un véritable délice qui vaut le détour !

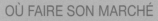

L'ATELIER
et ses secrets

L'HYGIÈNE DU CRU

La fraîcheur des aliments est un élément primordial et une série de mesures d'hygiène sont nécessaires tout au long du procédé afin d'éviter que certains agents pathogènes s'introduisent dans vos préparations, surtout lorsque celles-ci ne subissent aucune cuisson.

RÈGLES À RESPECTER

1. Conserver au froid tous les aliments périssables, dès qu'ils sortent du commerce, durant la préparation, jusqu'au service.

2. Hygiène sans reproche : température du frigo adéquate et nettoyage des aliments (rinçage des légumes).

3. Laver et rincer, avant et après chaque utilisation, les couteaux et leurs manches, les planches à découper, au-dessus et au-dessous ; les assécher avec un chiffon propre.

4. Utiliser des planches différentes pour le poisson, la viande, la volaille, les végétaux et le fromage. (Dans le commerce on trouve des planches de différentes couleurs qu'on associe à ces catégories.)

5. Nettoyer minutieusement ses mains et ses ongles avec une brosse avant, pendant et après le travail en cuisine. On doit aussi nettoyer les planches avec une éponge propre pendant la préparation.

6. Récurer les planches de travail une fois par semaine avec du gros sel et les faire tremper dans l'eau bouillante savonneuse et les mettre au lave-vaisselle pour bien les désinfecter.

7. Se procurer une variété de contenants hermétiques en plastique de tailles différentes pour la conservation des aliments.

8. Utiliser des couteaux bien affûtés style sashimi, une mandoline chinoise, un extracteur à jus, une râpe. Ce sont tous des outils qui vous aideront à réaliser vos recettes à base d'aliments crus.

OÙ FAIRE SON MARCHÉ

Pour le moment, le bœuf Angus n'est offert qu'au marché du Vieux-Port de Québec. La plupart de la production est destinée aux restaurateurs soucieux de servir des viandes de qualité. Avis aux intéressés : la ferme Eumatimi est située à deux pas des serres Roses Drummond.

Pour ce qui est des armillaires couleur de miel, c'est chez Louis au marché Jean-Talon que l'on peut en acheter (demander à Francine Boivin).

Pour de plus amples renseignements sur les champignons, visiter le site de Patrick Desteredjian, un de nos plus grands distributeurs de champignons sauvages au Québec : www.lessaveursduterroir.com

La sauce soja bio est disponible dans les bonnes épiceries fines et naturelles et, notamment, à la Reine de la mer à Montréal.

Les bébés bok choy se trouvent dans le quartier chinois à Montréal ou à l'épicerie Lao Indochine à Québec.

Outils : J'achète mes planches de couleur et mes récipients de plastique chez Renaud à Québec. La boutique du laurie raphaël à Québec est maintenant dépositaire des couteaux Global.

LAMELLES DE BŒUF ANGUS

de la ferme Eumatimi, marinade aux armillaires
couleur de miel, rouleaux d'aubergines chinoises
et légumes asiatiques crus

Pour 4 personnes

UN MOT SUR LE BŒUF ANGUS
DE LA FERME EUMATIMI

Le bœuf Angus de la ferme Eumatimi est élevé selon les règles de l'art sans hormones de croissance et sans antibiotiques. On lui donne une nourriture issue d'un mélange naturel que les éleveurs Michèle et Mario Pilon ont conçu. Des bêtes élevées avec soin et amour par une petite entreprise familiale qui compte un cheptel d'une centaine de têtes. L'appellation «bœuf Angus» exige que les bêtes possèdent au minimum 55 % de race pure Angus dans leur sang.

Ce bœuf de qualité donne une viande persillée possédant un goût très particulier. Il est vieilli à point à la boucherie appartenant au même propriétaire, ce qui me permet d'obtenir un suivi sans pareil et une sécurité optimale quant à la qualité du produit que je sers à mes clients, surtout lorsque je cuisine le bœuf cru ou mariné.

INGRÉDIENTS

Lamelles de bœuf

300 g (9 oz) d'entrecôte ou de filet de bœuf Angus 3 A de la ferme Eumatimi ou autre (au restaurant, je réalise cette recette avec la calotte de bœuf Angus. Cette partie de presque 5 cm (2 pouces) d'épaisseur, recouvre le faux-filet. Elle est persillée à souhait et vieillie à point. Elle fond sous la dent !)

Mélange d'épices : poivre de Penjam, fleur de sel, coriandre en graines moulues au mortier et cari de Madras. Concoctez votre petit mélange personnel pour assaisonner les viandes.

30 ml (2 c. à soupe) de beurre clarifié

Marinade pour bœuf

30 ml (2 c. à soupe) d'échalote française hachée

30 ml (2 c. à soupe) de vinaigre balsamique

30 ml (2 c. à soupe) de soya bio

60 ml (1/4 tasse) d'huile d'olive

60 ml (1/4 tasse) d'huile de pépins de raisin

Sel de mer et poivre au goût

Jus de champignons

250 ml (1 tasse) de champignons armillaires couleur de miel ou shiitakes (voir Où faire son marché)

125 ml (1/2 tasse) d'eau

15 ml (1 c. à soupe) de sauce soya bio

Salade et rouleaux d'aubergines chinoises

2 aubergines chinoises

45 ml (3 c. à soupe) d'huile d'olive

15 ml (1 c. à soupe) de soya bio

125 ml (1/2 tasse) de champignons armillaires couleur de miel ou shiitakes

125 ml (1/2 tasse) de bébé bock choy

125 ml (1/2 tasse) de pois mange-tout

Quelques feuilles de basilic thaï ou autre et quelques feuilles de coriandre fraîche

250 ml (1 tasse) de pousses de soja

Sel et poivre au goût

TECHNIQUES

Pour la viande

Enlever tout le gras de la viande, ne conserver que la viande rouge bien persillée. Découper la pièce en parts égales et épaisses (plutôt rectangulaires), elles seront retranchées en quatre plus tard. Assaisonner les morceaux avec le mélange épicé, en prenant soin de bien couvrir toutes les faces. Chauffer une poêle avec un peu d'huile de beurre clarifié, puis saisir les pièces de viande rapidement (cinq secondes sur chaque face). Mettre aussitôt à refroidir. Cette étape sert à faire adhérer les épices à la viande et à faire ressortir le goût de celle-ci, non pas à la cuire.

Pour la marinade

Déposer l'échalote verte hachée dans un bol et y ajouter le vinaigre balsamique, la sauce soja bio, l'huile d'olive et l'huile de pépins de raisin. Assaisonner délicatement avec du sel de mer et du poivre du moulin.

Pour le jus de champignons

Faire chauffer une poêle avec un peu d'huile d'olive et y sauter les champignons vivement et rapidement. Retirer la poêle du feu puis ajouter l'eau et laisser mijoter doucement. Passer les champignons et leur bouillon au chinois, ajouter la sauce soja et réserver le jus. Ajouter ce jus à la marinade et réserver.

Pour la salade

Couper les extrémités des aubergines chinoises et les trancher le plus mince possible avec une mandoline (quatre tranches par personnes). Déposer les tranches sur une tôle et les saler légèrement sur les deux faces. Après une dizaine de minutes de repos à la température de la pièce, les badigeonner d'huile d'olive et les humecter de quelques gouttes de sauce soja. Laisser mariner à nouveau. Pendant ce temps, émincer finement les champignons.

Laver les bébés bok choy et les émincer finement. Équeuter les pois mange-tout et les émincer finement. Émincer le basilic thaï et la coriandre fraîche. Mélanger tous ces ingrédients dans un bol et ajouter les pousses de soja. Arroser avec une partie de la marinade et assaisonner. Bien mélanger.

LE VIN

Bourgogne Hautes-Côtes-de-Beaune
Marnay-Sorelles
Bourgogne, France

Le grandissime et versatile Pinot noir passe à table...

Pour cette recette, nous nous devons de passer en mode fraîcheur. Il est très important de ne pas escorter ce plat avec un vin trop imposant. Ses charmantes notes végétales ne feront qu'un avec les divers légumes ainsi qu'avec les rouleaux d'aubergines chinoises.

Montage des rouleaux et de l'assiette finale

1. Chevaucher quatre tranches d'aubergines marinées par personne, déposer la salade à l'intérieur et rouler.

2. Trancher ces rouleaux en trois parties égales et les déposer dans des assiettes.

3. À l'aide d'un couteau bien affûté de style sashimi, couper des tranches de bœuf pas trop minces que vous déposerez à l'avant des rouleaux de légumes.

4. Assaisonner la viande avec le sel et le poivre et verser un peu de la marinade aux champignons sur les tranches de bœuf Angus.

5. Verser le reste de la marinade dans des petits bols pour accompagner les assiettes.

SAINT-VALENTIN
la fête des sens

Je me souviens que les femmes de la génération de ma mère attendaient avec impatience leur petit cœur en chocolat à la Saint-Valentin. Et malheur au mari qui oubliait cette attention ! J'ignore si cela a vraiment changé. Mais je crois que la Saint-Valentin reste l'une des fêtes les plus populaires de l'année, du moins si l'on en juge par les nombreuses réservations dans les restaurants. Pour ma part, j'aime bien cette fête qui correspond à l'anniversaire de ma rencontre avec la femme qui partage ma vie. Eh oui ! il y a maintenant vingt-cinq ans, comme bien d'autres, je profitais de la Saint-Valentin pour inviter ma nouvelle conquête au restaurant. Je me vois encore devant la porte de ma belle, avec ma bouteille de chianti recouverte de paille et un joli vase contenant deux roses rouges. Un vrai valentin...

Chaque année, à cette période, je me fais poser la sempiternelle question : existe-t-il une cuisine aphrodisiaque, et même érotique ? Une cuisine qui pourrait nous transporter, éveiller tous nos sens et faire de nous l'amant ou l'amante que nous avons toujours souhaité être ?

Depuis des siècles, l'homme cherche à réaliser ce rêve. Dans leurs écrits, le marquis de Sade, Casanova et même madame de Sévigné nous ont transmis leurs coutumes gastronomiques susceptibles de réveiller les sens. Pour favoriser les échanges amoureux, les plaisirs de manger, de goûter, de boire, de sentir et de converser doivent s'harmoniser.

Pour cela, il vaut mieux choisir des plats que vous êtes certain de réussir, en tenant compte des goûts de votre partenaire. Les formes, les couleurs, les saveurs et les parfums sont d'une importance capitale pour exciter ses papilles gustatives. Sélectionnez bien les aliments et les ingrédients. Évitez, notamment, la salade, le houblon et la camomille dont l'effet est loin d'être aphrodisiaque.

La mise en scène du repas est aussi très importante : choix de musique, vêtements et fleurs peuvent contribuer à votre succès. La condition mentale tout autant que la condition physique agit sur nos sens. La générosité de recevoir, la gentillesse et les petites attentions peuvent suffire à éveiller les instincts les plus secrets de votre partenaire.

...CUISINEZ UNE DE VOS SPÉCIALITÉS EN LA PIMENTANT AVEC DES INGRÉDIENTS INUSITÉS...

Tout le monde n'a pas la chance d'être un chef, alors ne gâchez pas la sauce! Cuisinez une de vos spécialités en la pimentant avec des ingrédients inusités dont je vous donne la liste.

Voici un menu aphrodisiaque de la Saint-Valentin que j'ai conçu spécialement pour ma compagne Suzanne. Le repas débute par un cocktail de premières crevettes du Maine à la mayonnaise de poivron rouge. Vient ensuite un oignon cipolini caramélisé et braisé farci d'un escargot, accompagné d'une mousseuse d'ail doux.

Des ris de veau grillés roulés dans des feuilles de bettes à carde arrosés d'une émulsion d'huile de boutons d'hémérocalles et foie gras savent ensuite ravir ma blonde.

En guise de potage, un pétoncle des Îles-de-la-Madeleine et champignons flamuline baignant dans un consommé de volaille parfumé au gingembre sauvage et micro fenouil mariné. Le plat principal est composé d'un carré d'agneau du Bas-du-Fleuve, rôti aux épices et un jarret braisé au sirop d'érable effiloché surmonté de chips Yukon Gold, quelques légumes confits aux zestes de clémentines couronnent le tout.

Le fromage, un Riopelle de l'Île-aux-Grues, fondu dans une coquille d'œuf, puis couronné d'une mousse faite avec du lait de poule parfumé à la truffe fraîche, laquelle remplit de ses charmes le reste de la cavité.

L'avant-dessert: un genre de préliminaire sucré annonce une nuit pleine de promesses, bruschetta au brocciu de la fromagerie la Moutonnière, confiture de fraises des bois au fruit de la passion.

Le dessert qui propulsera littéralement les amoureux au septième ciel est mon fameux gâteau moelleux et coulant de chocolat servi sur quelques pétales de roses cristallisés.

Un repas mémorable, pas trop copieux, assez long pour que l'on puisse apprécier chaque minute et chaque bouchée. Chaque service de ces agapes valentinesques est conçu pour plaire, plus encore, pour séduire ma compagne et lui faire vivre une véritable fête des sens.

AGNEAU DU BAS-DU-FLEUVE

rôti aux épices, jarrets braisés au sirop d'érable et légumes confits aux zestes de clémentines et safran

Pour 4 personnes

LE VIN

Amarone della Valpolicella Classico
Costasera, Masi
Vénétie, Italie

Quelle mosaïque de saveurs...! Nous avons donc besoin de matière tannique mais également de quelques touches de sucre résiduel. Cet Amarone issu du pays enchanteur de Roméo et Juliette gardera la tête bien haute devant cette éclectique recette de Saint-Valentin.

RECETTES

INGRÉDIENTS

Agneau du Bas-du-Fleuve rôti aux épices
60 g (4 c. à soupe) de beurre demi-sel
2 carrés d'agneau de la Ferme Bérac à Saint-Lambert. Peuvent être parés par votre boucher.

Sel d'épices
1 gousse de cardamome (graines seulement)
1 anis étoilé
1 clou de girofle
5 ml (1 c. à thé) de baies roses
5 ml (1 c. à thé) de piment d'Espelette
5 ml (1 c. à thé) de ras-el-hanouth
15 ml (1 c. à soupe) de fleur de sel

Jarrets braisés au sirop d'érable
2 jarrets d'agneau
10 ml (2 c. à thé) de sel d'épices
30 ml (2 c. à soupe) de beurre clarifié
45 ml (3 c. à soupe) de sirop d'érable
60 ml (1/4 tasse) de vin blanc
750 ml (3 tasses) d'eau
250 ml (1 tasse) de mirepoix (carottes, céleris, oignons)
30 ml (2 c. à soupe) d'huile
15 ml (1 c. à soupe) de beurre
3 gousses d'ail en chemise
1 branche de thym
Quelques brindilles de romarin
1 feuille de laurier
250 ml (1 tasse) de fond d'agneau ou de veau

Chips de pommes de terre Yukon Gold au cari (donne 20 chips)
1 litre (4 tasses) d'huile de canola
15 ml (1 c. à soupe) de cari de Madras
2 grosses pommes de terre Yukon Gold finement tranchées
Sel au goût

Légumes confits aux zestes de clémentines et safran
2 artichauts moyens
Le jus de 1 citron
4 oignons cipolini
8 grelots de pomme de terre
4 minipâtissons
8 minicarottes avec leurs fanes (rouges ou jaunes de préférence)
6 clémentines blanchies (zeste et jus)
2,5 ml (1/2 c. à thé) de safran
1 litre (4 tasses) d'huile de canola
Fleur de sel au goût
Sel d'épices

TECHNIQUE

Pour l'agneau du Bas-du-Fleuve rôti aux épices
Parer les carrés d'agneau. Gratter les côtes avec un couteau. Ficeler le carré entre les côtes et réserver.

Pour le sel d'épices
Broyer les épices au mortier ainsi que la fleur de sel. Bien mélanger. Réserver.

Pour les jarrets braisés au sirop d'érable
Assaisonner les jarrets de sel d'épices. Dans une cocotte bien chaude, les colorer au beurre clarifié. Ajouter le sirop d'érable et caraméliser. Déglacer au vin blanc et à l'eau.

Dans une poêle, colorer la mirepoix toujours au beurre clarifié. L'ajouter aux jarrets ainsi que les gousses d'ail, les branches de thym, de romarin et la feuille de laurier ainsi que le fond d'agneau ou de veau. Mijoter doucement, à couvert entre 3 et 4 heures au four à 300 °F (150 °C). Retirer les jarrets, réserver au chaud. Passer la sauce au tamis et réduire jusqu'à consistance onctueuse. Réserver. Désosser les jarrets. Effilocher la chair et la mélanger à une partie de la sauce qu'on aura fait réduire un peu plus. Réserver au chaud.

Pour les chips de pommes de terre
Faire chauffer l'huile avec le cari. Passer dans un filtre à café. Porter l'huile à 275 °F (140 °C), y frire les chips. Assaisonner.

Pour les légumes confits aux zestes de clémentines et safran
Tourner les artichauts et les couper en deux. Les conserver dans de l'eau citronnée. Éplucher les oignons cipolini. Brosser les grelots de pommes de terre et nettoyer les minipâtissons. Peler les minicarottes sans retirer les fanes. Dans un petit sautoir, faire réduire de moitié le jus des clémentines avec les zestes blanchis et le safran. Ajouter l'huile de canola. Confire (dans l'huile) chaque sorte de légumes individuellement afin d'assurer une cuisson parfaite. Regrouper tous les légumes dans l'huile de cuisson du sautoir. Réserver au chaud jusqu'au service.

Pour la cuisson des carrés
Dans une poêle (en cuivre de préférence) faire chauffer le beurre clarifié. Bien assaisonner les carrés de sel d'épices. Les saisir côté chair, les retourner et les enfourner 8 à 10 minutes à 375 °F (180 °C) pour une cuisson rosée. Laisser reposer au moins 10 minutes à température ambiante. Désosser les longes cuites, les couper en 2 au centre et détailler chaques parties en 3 tranches sur le sens de la longueur.

Montage
Dans chaque assiette bien chaude, déposer trois tranches d'agneau ainsi qu'une cuillère à soupe de jarret braisé séparée par les chips. Garnir de légumes confits. Parfumer de fleur de sel. Ajouter du jus de braisage près des tranches d'agneau et quelques gouttes d'huile de cuisson des légumes.

OIGNONS CIPOLINI

caramélisés, escargots au beurre de fines herbes,
mousseuse de topinambours à la vanille

Pour 4 personnes

INGRÉDIENTS

Oignons cipolinis caramélisés

4 oignons cipolini moyens

45 ml (3 c. à soupe) de beurre clarifié

5 ml (1 c. à thé) de sucre granulé

Sel et poivre du moulin au goût

45 ml (3 c. à soupe) de consommé
ou bouillon de volaille

12 gros escargots en conserve

Beurre aux fines herbes

60 ml (4 c. à soupe) de beurre demi-sel en pommade

1 gousse d'ail haché finement

15 ml (1 c. à soupe) de ciboulette ciselée

15 ml (1 c. à soupe) de basilic haché

15 ml (1 c. à soupe) d'estragon haché

Sel et poivre du moulin au goût

Quelques gouttes de jus de citron

Mousseuse de topinambours à la vanille

90 gr (3 oz) de topinambours

30 ml (2 c. à soupe) d'huile d'olive

2 échalotes françaises ciselées finement

45 ml (3 c. à soupe) de vin blanc

125 ml (1/2 tasse) de crème 35 %

125 ml (1/2 tasse) de lait 2 %

1/4 d'une gousse de vanille fraîche

LE VIN

Pinot Gris

King Estate
Oregon, États-Unis

Une pléthore de saveurs se côtoient dans cette création festive et gourmande. Le vin agencé devra être accueilli avec tambours et trompettes mais saura très bien lui tenir tête. Les fruits tropicaux, les figues séchées et le miel de trèfle s'entrelacent au niveau olfactif mais aussi gustatif. Ce produit a maturé et a été vinifié dans le « far west nordique » des États-Unis.

TECHNIQUE

Pour les oignons cipolinis caramélisés

Éplucher les oignons en prenant soin de ne pas les abîmer. Creuser la partie centrale à l'aide d'un couteau d'office et terminer avec une cuillère à melon pour évider la cavité. Prenez garde de ne pas percer le fond de l'oignon.

Faire chauffer le beurre dans un petit sautoir et ajouter le sucre et les oignons. Faire caraméliser sur les deux faces en les arrosant fréquemment avec le beurre de cuisson, assaisonner avec le sel et le poivre. Ajouter le consommé ou le bouillon de volaille et cuire doucement à feu doux jusqu'à ce que les oignons soient cuits mais encore fermes, soit environ 5 minutes avec couvercle.

Pour le beurre aux fines herbes

Dans un petit robot culinaire, déposer le beurre en pommade et le reste des ingrédients, puis actionner afin de rendre la préparation homogène. Assaisonner et ajouter quelques gouttes de jus de citron.

Pour la mousseuse de topinambours à la vanille

Éplucher les topinambours et les émincer finement. Faire chauffer l'huile d'olive dans une casserole pour y faire revenir les échalotes et les topinambours. Ajouter le vin blanc, la crème, le lait et la vanille, que vous aurez prélevée de la gousse avec un couteau. Cuire jusqu'à ce que les topinambours soient tendres. Passer au mélangeur puis au tamis. Réserver.

Montage et présentation

Faire chauffer une partie du beurre aux fines herbes dans une poêle et y sauter les escargots à feu moyen. Assaisonner. Déposer trois escargots dans chaque oignon et un peu de beurre en pommade (mou) aux fines herbes par-dessus. Passer au four à 350 °F (180 °C) de 3 à 5 minutes pour chauffer le tout. (Le beurre doit commencer à mousser.)

Chauffer la crème de topinambour et la faire mousser à l'aide d'un pied mélangeur. Déposer les oignons dans des assiettes creuses et disposer la mousse autour de ceux-ci. Verser aussi quelques gouttes du jus de cuisson autour de la mousse et déposer une petite brindille d'herbe en décoration.

Note : Si la crème est trop épaisse, elle aura de la difficulté à mousser. Ajouter un peu de lait pour un meilleur résultat.

SAVIEZ-VOUS QUE...

La cuisine érotique n'est, en réalité, que l'art d'utiliser les aliments susceptibles de stimuler ou de renforcir le métabolisme humain, ceux qui mettent en jeu l'énergie sexuelle. D'abord, il y a les épices à caractère aphrodisiaque telles que le safran, l'anis, le poivre, la cannelle, la vanille, le ginseng et le gingembre.

Ensuite les légumes et produits végétaux qui servent à l'épanouissement de la libido : les asperges, le fenouil, l'ail, l'avocat, les champignons, la noix de coco, l'arachide, la noix de pin, la papaye et la luzerne.

Certains condiments au pouvoir tonifiant contribuent aussi à faire augmenter le désir : moutarde, harissa, soja, sauce barbecue, Tabasco, nuoc man et huile d'olive vierge.

Quelques produits rares et mystiques, piquent la curiosité quant à leurs propriétés censées favoriser la reproduction : nids d'hirondelle, ailerons de requin, gonades séchées de concombres de mer, truffe du Périgord.

Les fruits de mer seraient également efficaces depuis des siècles pour ranimer nos sens : homard, crevettes, pétoncles, escargots, huîtres. Le corail d'oursin et le caviar d'esturgeon pourraient compléter ce cocktail explosif.

GÂTEAUX FONDANTS
au chocolat, pétales de rose cristallisés

Pour 8 personnes

INGRÉDIENTS

Gâteaux

4 œufs

200 ml (3/4 tasse ou 7 oz) de sucre

125 ml (1/2 tasse) de farine

200 ml (3/4 tasse ou 7 oz) de chocolat noir,
70 % de cacao fondu

125 ml (1/2 tasse) de beurre doux fondu

Enfariner les moules

30 ml (2 c. à soupe) de beurre

30 ml (2 c. à soupe) de cacao

30 ml (2 c. à soupe) de farine

Pétales de roses cristallisés

2 blancs d'œufs

2 roses non traitées

60 ml (1/4 tasse) de sucre

TECHNIQUE

Pour les gâteaux

Préchauffer le four à 425 °F (210 °C). Dans un bol, mélanger les œufs avec le sucre à la mixette. Saupoudrer la farine tamisée sur les œufs blanchis et mélanger 1 minute à basse vitesse. Fondre le chocolat au bain-marie avec le beurre doux en mélangeant bien pour obtenir une consistance onctueuse. Incorporer le mélange chocolat/beurre à celui d'œufs/farine. Mélanger à vitesse moyenne 2 à 3 minutes. Réfrigérer au moins 4 heures.

Beurrer et enfariner avec le mélange cacao/farine 8 espaces d'un moule à muffins de 6 cm (2 3/8 po) de circonférence. Déposer 60 ml (4 c. à soupe) de pâte par moule. Cuire au four à 425 °F (210 °C) pendant 7 à 10 minutes. Ils seront prêts lorsque le tour sera cuit et le centre encore fondant.

Pour les pétales de roses cristallisés

Fouetter les blancs légèrement à l'aide d'une fourchette (2 minutes). Effeuiller les roses puis tremper la moitié des pétales dans les blancs d'œufs. Égoutter et plonger la partie humide dans le sucre. Déposer les pétales sur une tôle et laisser sécher à température de la pièce.

Pour la présentation

Laisser tempérer les gâteaux quelques minutes et saupoudrer de sucre glace à la sortie du four, décorer avec les pétales de rose.

Note : Cette recette a été testée dans un four à convection. Dans un four régulier, la cuisson peut prendre jusqu'à 5 minutes de plus.

Laisser refroidir les gâteaux avant de les démouler, on peut les réchauffer avant de servir.

SAVIEZ-VOUS QUE...

Les protéines animales contenues dans l'agneau, le veau et le porc donnent de l'énergie au corps. Il n'y a rien comme un bon steak au poivre pour remettre son homme sur la bonne voie.

Et, bien sûr, le chocolat, susceptible d'augmenter l'appétit sexuel, qui pourrait faire à lui seul l'objet de cette chronique. Des études démontrent que chez la femme, la consommation de chocolat pourrait être associée à un phénomène compensatoire. Une tablette de chocolat pourrait-elle remplacer un amoureux la nuit de la Saint-Valentin ? J'en doute, mais il n'y a pas de risque à prendre.

Les boissons comme le vin, le saké, l'absinthe, l'anisette (Pernod) et le champagne sont bien connues pour leurs propriétés vasodilatatrices. Mais les alcools doivent être consommés en quantité raisonnable. Quand la dose est dépassée, après une période d'euphorie, ils agissent comme des dépresseurs.

Il ne faut pas oublier que certains produits excitants comme le café et le sucre, pris en trop grande quantité, peuvent réduire les ardeurs sexuelles.

LE VIN
Oloroso

Williams & Humbert

Jerez de la Frontera, Espagne

Les Britanniques le surnomment Sherry, les espagnols Jerez et pour nous il s'agit du Xérès. Il est très expressif au niveau aromatique, d'où vient d'ailleurs le mot « oloroso » signifiant « odorant ». Ce dessert à mourir de chocolat ressuscitera votre appétit en fin de repas.« Choco y Oloroso dos amigos !!! »

LES NOUVELLES
tendances

REFLET DES BESOINS
OU FRUIT DE L'INCONSCIENCE?

Notre façon de nous nourrir se transforme d'une décennie à l'autre, nos habitudes alimentaires changent perpétuellement. Certains facteurs comme la chute du taux de natalité, le vieillissement de la population, le stress de la vie moderne, les maladies ou les bienfaits associés à notre alimentation, influencent ces changements.

En matière de musique, de cinéma et surtout de mode, les critiques nous informent rapidement des dernières tendances. Dans le domaine de l'alimentation, on peut aussi se prononcer sur ce qui est «in» et «out», mais il faut être doublement prudent, car il s'agit de la santé des consommateurs. Avant de parler d'un produit qui pourrait devenir une nouvelle tendance, il est préférable de s'appuyer sur des sources sûres.

Ce n'est pas évident pour les journalistes, critiques et spécialistes de la gastronomie de savoir si les produits nouvellement arrivés sur le marché sont traités chimiquement, s'ils contiennent des organismes génétiquement modifiés (OGM) ou s'ils ont été affectés par les pluies acides. L'industrie alimentaire nous cache souvent ces informations qui feraient sûrement la différence dans nos choix de nouveautés à consommer.

Heureusement, les médias nous informent sur les grands fléaux reliés à notre alimentation : crise de la vache folle, pollution engendrée par l'élevage du saumon, baisse des populations de morue de l'Atlantique en raison de la surpêche, mauvais traitements infligés aux animaux d'élevage au nom de la productivité. L'information doit aider le consommateur à être plus averti, plus sensible et plus conscient de la portée de ses achats.

Tous les jours, de nouveaux produits font leur apparition sur nos étals. C'est à nous de décider ce que nous mangerons demain ! Des mauvais choix de société peuvent avoir des conséquences graves sur la santé, l'approvisionnement, l'emploi et bien entendu notre environnement. Les nouvelles tendances que nous adoptons ne doivent pas être le fruit de notre inconscience.

Un exemple frappant est celui des milliers de litres d'eau embouteillée, plate ou gazeuse que nous importons de France et d'Italie, alors que nous possédons les plus grands bassins d'eau potable au monde. Voilà qui en dit long sur les choix quotidiens que nous faisons sans nous en rendre compte... C'est pourquoi je conseille au gens de boire l'eau qui vient d'ici. Un choix qui pourrait être bénéfique pour notre société.

En tant que chef, je suis amené à goûter de nombreux produits et à sélectionner les meilleurs. J'ai rencontré, ces dernières années, des producteurs préoccupés par le bien-être de leurs animaux, des cueilleurs respectueux des produits sauvages, des jardiniers qui cultivent des légumes sans herbicides ni pesticides, des pêcheurs de la Côte-Nord soucieux de la fraîcheur de leurs coquillages, des fromagers qui traient eux-mêmes les vaches ou les chèvres de leur troupeau pour en faire des laits crus délicieux. Tous méritent notre encouragement, mais encore faut-il pouvoir connaître et reconnaître ces artisans d'exception.

La recherche et le développement font partie intégrante de mon travail. J'aime collaborer avec ces artisans d'exception et essayer leurs nouveaux produits dans le but de toujours améliorer la qualité de ma cuisine. L'émeu de Charlevoix est l'un de ces produits. Il peut remplacer avantageusement le bœuf dans l'assiette. L'émeu est une viande délicieuse, maigre et faible en cholestérol. Il contient aussi du gras de qualité et est très riche en fer. Je me suis intéressé à cet animal il y a quatre ou cinq ans. On le retrouve aujourd'hui un peu partout au Québec, ainsi que sa grande cousine, l'autruche. J'aime le cuisiner cru, en tartare ou en tataki, avec une salade d'endives rouges et julienne de canard fumé à l'huile de noix, ou encore en carpaccio avec une salade de mâche et quelques copeaux de cheddar Perron.

...AVANT DE PARLER D'UN PRODUIT QUI POURRAIT DEVENIR UNE NOUVELLE TENDANCE, IL EST PRÉFÉRABLE DE S'APPUYER SUR DES SOURCES SÛRES...

Le cerf de Boileau a lui aussi retenu mon attention. Un modèle de ce que devrait être une viande d'élevage ! Les bêtes vivent dans un habitat naturellement boisé au relief accidenté ; les grands espaces favorisent leur développement musculaire. L'élevage en semi-captivité permet de diminuer leur stress et de les maintenir en bonne condition.

Le veau «nature» de Notre-Dame-du-Bon-Conseil fait également partie des nouveaux produits santé. Il est nourri de grains, sans farine animale, sans hormones de croissance et sans antibiotiques de prévention. Les animaux sont élevés en petit groupe dans des enclos spacieux, à ventilation naturelle. L'émission *La semaine verte* de Radio-Canada a d'ailleurs déjà produit un reportage sur cette ferme pour démontrer les bienfaits d'un élevage sain.

Le foie gras de canard, surtout celui poêlé, remporte la palme des nouvelles tendances. Les gourmands raffolent de ce produit dont la production demeure controversée. Isabelle et Jean-Jacques Etcheberrigaray, propriétaires de la ferme Basques à Saint-Urbain, dans la région de Charlevoix, ont adopté des critères d'élevage qui respectent les animaux et correspondent à mes valeurs. Mais ils sont rares ces producteurs de foie gras qui se préoccupent de la qualité de vie des animaux. Ces agriculteurs élèvent leurs canards à l'extérieur dans des vastes enclos, les gavent de façon artisanale dans des parcs prévus à cet effet. Après avoir mangé, les bêtes peuvent battre des ailes à leur guise.

Les agneaux de pré-salé de l'Île Verte, quant à eux, sont élevés au bord du fleuve. Ils se nourrissent quotidiennement d'herbes maritimes disponibles pendant la saison estivale. Une autre belle réussite pour le développement des produits régionaux !

Les produits québécois de la mer sont aussi de plus en plus populaires étant donné la facilité de transport et l'insistance de certains chefs à les mettre sur leur table. Plusieurs initiatives méritent d'être soulignées : la pectiniculture, qui consiste à élever des pétoncles en milieu naturel ; la production du caviar d'esturgeon en Abitibi ; la pêche des oursins sur la Côte-Nord et celle des couteaux de mer aux Îles-de-la-Madeleine ; l'élevage du loup de mer en Gaspésie et la pêche aux krills de l'Antarctique. Le krill est un crustacé planctonique ressemblant à une crevette miniature, qui sert de nourriture aux baleines. On a conçu une machine pouvant décortiquer sa chair qui est délicieuse et on fabrique une huile à partir de sa carapace qui serait très nutritive et énergétique. Tous ces nouveaux produits sont bien accueillis sur nos tables et sont à surveiller.

Les produits sauvages gagnent également en popularité et en originalité : câpres de marguerite, gingembre sauvage, salicorne et boutons d'hémérocalle sont quelques exemples qui ont piqué ma curiosité. Des entreprises, dont Gourmet sauvage et Arômes des bois, nous offrent en petits pots une variété impressionnante de produits sauvages : ketchup de têtes de violon, confiture de lys d'un jour, moutarde de carcajou, compote d'airelles et d'amélanchiers, gelée de sapin et cèdre, relish d'asclépiade, etc. Il est à noter que ces deux entreprises se soucient de protéger les espèces et l'environnement. Méfiez-vous des cueilleurs itinérants.

Quant aux champignons sauvages, ils sont de plus en plus appréciés des consommateurs. Il sont très savoureux, mais ne sont malheureusement disponibles que pendant une courte période de temps. Pour répondre à la demande, l'entreprise Les jardins laurentiens, à Berry en Abitibi, produit des champignons haut de gamme, certifiés biologiques et cultivés en serre. Flammulines jaunes, pleurotes perlés et pleurotes érigés font fureur dans la restauration. À vous de les demander à votre légumier.

Certains légumes comme les crosnes, les oignons cipolini, les racines de persil, le micro mesclun et les carottes de différentes couleurs, attirent l'attention des plus fins gourmets. Ils sont cultivés à Blainville par Pierre-André Daigneault, un jardinier visionnaire qui a toute mon admiration pour sa recherche de nouveaux produits dont il est l'initiateur au Québec. Le légendaire jardinier charlevoisien, Jean Leblond, nous a également fait découvrir des aliments comme la betterave jaune, la patate bleue et la fleur de courgette, qui peuvent encore surprendre bien des palais curieux.

Découvrez les saveurs inusitées des pétoncles de baie du Nouveau-Brunswick, goûtez au thé du Labrador et aux fines tisanes des Inuits, aux fraises de serre du Québec, au chicoutai de la Côte-Nord, aux fromages certifiés biologiques comme le Gré des Champs à Iberville, au vinaigre de vin « Minus 8 » de l'Ontario, aux vins de vendange tardive du Château Taillefer Lafont à Laval, à l'huile de pépins de citrouille de la Maison Orphée, aux nombreuses variétés d'huîtres des côtes canadiennes, aux produits laitiers des petites fermes comme la laiterie d'Antan à Saint-Aimé-de-Massueville, au yuzu, le jus issu d'un petit agrume japonais.

Il est important de connaître la provenance des aliments qui se retrouvent dans votre assiette et d'être bien informé sur la façon dont on procède pour les transformer. Posez des questions à votre marchand et, s'il ne peut y répondre, allez directement à la ferme. Ne vous contentez pas de rincer vos légumes sous l'eau, cherchez plutôt un endroit ou l'on vend de bons légumes bios. Ne vous laissez pas manipuler ou dicter vos choix par les grandes chaînes de marchés d'alimentation.

...J'AIME COLLABORER AVEC CES ARTISANS D'EXCEPTION ET ESSAYER LEURS NOUVEAUX PRODUITS ET CE DANS LE BUT DE TOUJOURS AMÉLIORER LA QUALITÉ DE MA CUISINE...

SAVIEZ-VOUS QUE...

Les nouvelles tendances ne sont, en fait, que le reflet de notre besoin de changement et de nouveautés. Le problème, c'est qu'elles ne sont pas toujours fondées sur une connaissance exacte des impacts sur notre santé et notre environnement.

Beaucoup de supermarchés proposent des aliments de marque maison ou sans nom, sans pouvoir garantir qu'ils sont exempts d'OGM (organismes génétiquement modifiés). Il suffit de se procurer le petit livre de Greenpeace pour voir la liste impressionnante des aliments susceptibles d'en contenir, et que l'on consomme chaque jour. On peut aussi consulter leur site Internet : www.greenpeace.ca.

Les années à venir pourraient nous réserver des surprises si nous fermons les yeux sur les grands problèmes de ce monde. Le réchauffement de la planète causé par l'amincissement de la couche d'ozone, la pollution de l'air et des eaux ainsi que la destruction des forêts humides qui produisent l'oxygène que nous respirons contribueront à modifier notre alimentation de façon dramatique.

Personne ne veut suivre une tendance qui risquerait d'accroître l'obésité et certaines maladies, de nuire au développement de ses enfants, d'affecter la planète et de faire souffrir les animaux. Il nous suffit de dire non à certains produits qui envahissent nos marchés (comme nous l'avons fait pour les gras trans) et qui n'ont rien en commun avec une alimentation saine. Il est aussi de notre devoir de poser des actions écologiques afin de préserver les fruits de notre terre.

OÙ FAIRE SON MARCHÉ

On peut trouver à Montréal de la viande d'émeu de Charlevoix à la boucherie de Tours, au marché Atwater et à Québec, au marché du Vieux-Port.

Le vinaigre de vin « Minus 8 » est issu d'un mélange de cinq sortes de raisins rouges et blancs de la vallée du Niagara qui ont été cueillis en hiver à -8 °C, d'où son nom. On en fait un vin qu'on laisse fermenter traditionnellement pour le convertir en vinaigre. On laisse ensuite vieillir le vinaigre dans des barriques de chênes français.

Information : minus8vinegar.ca

Pour les produits sauvages : jardinssauvages.com gourmetsauvage.ca

De nombreux produits sauvages sont en vente à la boutique du laurie raphaël.

CARPACCIO D'ÉMEU DE CHARLEVOIX

mesclun au vinaigre de vin « Minus 8 »,
copeaux de cheddar fort et tuiles de parmesan

Pour 4 personnes

INGRÉDIENTS

250 g (1/2 lb) d'émeu ou autruche (partie de la noix)

Mélange d'épices

2,5 ml (1/2 c. à thé) de poivre noir

5 ml (1 c. à thé) de fleur de sel ou de sel

2,5 ml (1/2 c. à thé) de poivre rose moulu

2,5 ml (1/2 c. à thé) de cumin moulu

2,5 ml (1/2 c. à thé) de graines d'anis moulues

2,5 ml (1/2 c. à thé) de coriandre moulue

2,5 ml (1/2 c. à thé) de cari

30 ml (2 c. à soupe) de beurre clarifié

Mesclun ou salade de mâche

60 g (2 oz) de mesclun ou 20 bouquets de mâche

90 g (3 oz) de cheddar fort Perron

125 ml (1/2 tasse) de parmesan râpé pour les tuiles
(facultatif)

Vinaigrette au vinaigre de vin « Minus 8 »

80 ml (1/3 tasse) d'huile d'olive

80 ml (1/3 tasse) d'huile végétale

15 ml (1 c. à soupe) d'huile de truffe blanche

45 ml (3 c. à soupe) de vinaigre de vin « Minus 8 »
ou de vinaigre balsamique de bonne qualité

30 ml (2 c. à soupe) d'échalote française
hachée finement

Sel et poivre du moulin au goût

LE VIN

Chardonnay
J.P. Chenet
Languedoc-Roussillon, France

Un accord tout en texture s'impose pour ce plat, car trois différentes sortes d'huile sont de connivence.

Les subtiles notes fumées apportées par la barrique de chêne de ce vin blanc languedocien seront en parfaite symbiose avec les copeaux de cheddar et les tuiles au parmesan présentes dans l'assiette de cet oiseau géant...

TECHNIQUE

Pour l'émeu

Parer la viande, s'il y a lieu, et la ficeler pour lui donner la forme d'un boudin. Réserver. Dans un mortier, broyer finement le poivre et la fleur de sel et mélanger au reste des épices moulues. Rouler la pièce d'émeu dans le mélange d'épices et bien taper pour les faire pénétrer dans la viande. Conserver le reste pour une recette ultérieure.

Faire chauffer une poêle avec un peu de beurre clarifié et saisir l'émeu sur toutes ses faces rapidement, retirer la ficelle. Envelopper l'émeu dans une pellicule plastique. Déposer aussitôt la pièce au congélateur pour arrêter la cuisson et raidir les chairs afin de faciliter le tranchage.

Pour la salade et la vinaigrette

Déposer le mesclun dans un bol. Si vous avez choisi la mâche, il faut bien la nettoyer et l'essorer. Mélanger tous les ingrédients de la vinaigrette

Présentation

À l'aide d'un couteau bien tranchant, couper de fines tranches d'émeu et les déposer sur les assiettes en prenant soin de ne pas trop les chevaucher. Assaisonner parcimonieusement les tranches d'émeu avec le sel et le poivre. Badigeonner les carpaccios avec une partie de la vinaigrette en utilisant une cuillère. N'hésitez pas à aller chercher moitié huile moitié vinaigre dans le bol. Arroser le mesclun ou la mâche avec le reste de la vinaigrette et assaisonner. Disposer la salade au centre des carpaccios et râper des copeaux de cheddar sur la mâche. Servir aussitôt.

Note : Il est possible de faire des tuiles de parmesan en saupoudrant une bonne couche de fromage râpé sur une surface circulaire dans une poêle anti-adhésive chaude. Lorsque le fromage est fondu et commence à colorer, retirer la poêle du feu. Attendre quelques secondes pour que la tuile refroidisse un peu et la retirer à l'aide d'une spatule en plastique.

SLOW FOOD
la révolution

Je suis à la fois étonné et heureux de voir à quel point notre société évolue constamment en matière de mieux-être. Bien sûr, il y a encore beaucoup de progrès à accomplir. Mais notre espérance de vie a tout de même augmenté de 30 ou 40 ans depuis le Moyen-Âge. C'est quand même pas mal...

Évidemment, chaque époque a ses avantages et ses contraintes. On vit plus longtemps certes, mais vivons-nous plus heureux, plus en santé ?

Je suis optimiste par rapport à l'avenir. À la condition, bien entendu, que nous reconnaissions et admettions que certains choix de consommation ont entraîné des conséquences que plusieurs qualifient d'irréparables sur notre environnement.

Ce qui me rassure et me motive, c'est que des milliers de personnes œuvrent dans des mouvements comme Greenpeace, le commerce équitable et Slow Food.

Ces groupes se sont donné pour mission de nous réveiller, de nous faire prendre conscience de la gravité de nos gestes et de nous inciter à remettre en question nos valeurs pour que nous devenions plus responsables.

TABLE RONDE SLOW FOOD

C'est dans cet esprit que j'ai assisté à la table ronde sur Slow Food organisée à l'Institut de tourisme et d'hôtellerie du Québec dans le cadre d'une édition du festival Montréal en lumière. On y recevait Carlos Petrini, fondateur du fameux mouvement.

Slow Food, qui a pris naissance en Italie au milieu des années 80, compte aujourd'hui plus de 80 000 membres dans 104 pays.

Selon M. Petrini, nous devons nous investir dans cette grande bataille planétaire. «Nous faisons tous partie de la même arche, dit-il. L'avenir de notre planète et la survie de ses espèces dépendent des membres de l'équipage, c'est-à-dire nous.»

Slow Food vise à créer un lien entre l'éthique et le plaisir, en éduquant la population sur le fondement de ses goûts. C'est aussi un mouvement de lutte pour la biodiversité.

Sa philosophie est à la fois simple et complexe : préserver la saveur originelle des aliments tout en se battant pour la qualité de l'environnement et le respect des gens qui produisent la nourriture que l'on retrouve sur notre table.

Est-il possible d'intégrer cette philosophie dans notre quotidien afin d'améliorer notre qualité de vie ? La réponse est oui. De l'avis de Petrini, il faut développer «une sagesse par rapport à la qualité des aliments et cela demande une éducation du goût, une éducation alimentaire renouvelée basée sur l'éveil et l'entraînement de nos sens».

LA QUALITÉ

Il est important de gratifier et valoriser les maraîchers, agriculteurs, pêcheurs, apiculteurs, pomiculteurs et autres artisans qui contribuent à notre bonne alimentation. En privilégiant leurs produits, on assure la survie des producteurs locaux qui transmettent leur savoir de génération en génération.

De plus, ces gens sont soucieux de la qualité nutritive de leurs produits et des bienfaits qu'ils ont sur la santé des consommateurs. Leur dépendance envers Dame Nature les rend encore plus conscients de l'importance de la qualité de leur environnement, donc du nôtre.

Pour Carlo Petrini, il faut accepter de payer le juste prix pour des aliments de qualité supérieure. Est-ce que cela coûte cher d'être Slow Food tous les jours ? Il répond que les gens dépensent 15 % de leur salaire pour leur alimentation en 2005, alors que nos grands-parents en dépensaient plus de 32 % il y a 50 ans.

Bien se nourrir, c'est une question de priorité. La nouvelle façon d'aborder la nutrition c'est de manger moins, de manger mieux, de manger avec modération, de manger plus de qualité.

...SLOW FOOD VISE À CRÉER UN LIEN ENTRE L'ÉTHIQUE ET LE PLAISIR, EN ÉDUQUANT LA POPULATION SUR LE FONDEMENT DE SES GOÛTS...

ACHETER, C'EST AGIR

Si l'on veut contribuer à préserver la biodiversité, on peut militer à notre manière contre les OGM et les gras trans. On peut également boycotter les élevages et les cultures qui polluent l'environnement, refuser d'acheter un poisson d'élevage dont les résidus peuvent contaminer l'eau ou encore se joindre à un groupe voué à la protection du patrimoine végétal.

Par son charisme et son enseignement, M. Petrini nous incite à réfléchir sur les grands enjeux de la nutrition.

Selon lui, il est urgent que nos produits québécois de qualité soient protégés par des appellations d'origine contrôlée (AOC) pour mieux éclairer les consommateurs dans leurs choix. Il est très important que les autres pays reconnaissent également ces appellations afin de préserver nos richesses et notre savoir.

Les produits dits « du terroir » sont de plus en plus nombreux au Québec et il est de plus en plus difficile de s'y retrouver. Le mot terroir ne signifie pas nécessairement que c'est bon. Pour cette simple raison, les AOC nous aideraient à reconnaître ce qui est vraiment bon.

Sur les étiquettes, on pourrait ainsi connaître le village de fabrication, le nom du producteur, la méthode de fabrication ou d'élevage, ce qui permettrait d'éviter qu'un distributeur d'agneau par exemple, utilise l'appellation « pré-salé » simplement parce qu'elle est populaire ces temps-ci.

Il serait aussi possible de s'assurer à la boucherie ou au restaurant qu'on nous sert bien un produit AOC.

Pour obtenir une telle appellation, tout producteur devrait remplir des cahiers de charge qu'il mettra ensuite à la disposition des inspecteurs du gouvernement pour prouver l'authenticité et la régularité de son produit. Des initiatives ont été amorcées au Québec en ce sens. M. Petrini a proposé de parler à nos dirigeants politiques à qui il reproche d'être *slow*, ce qui a provoqué les rires du public.

L'UTILE ET L'AGRÉABLE

Maintenant, c'est à nous d'intégrer de nouvelles habitudes dans notre quotidien. En plus de mieux nous alimenter, ces changements ralentiront le processus de dégradation de notre planète. Nos gouvernements parlent d'énergie durable, mais ils devraient plutôt être, et depuis longtemps, à la tête de la « révolution alimentaire » qui est en train de se produire au Québec. Il est de leur devoir de faire les gestes nécessaires à la reconnaissance des produits d'ici.

SLOW FOOD SUCRÉ POUR RÉCONFORTER

Pour les desserts, je veux régaler et faire rêver mes convives en mélangeant les goûts de notre enfance à des goûts plus modernes. La nourriture de réconfort (*comfort food*) fait référence à la philosophie de Slow Food qui veut offrir une solution de rechange à la malbouffe et à la restauration rapide.

Je m'efforce de n'utiliser dans mes recettes que des farines biologiques, des produits laitiers artisanaux, des œufs et du sucre bio.

Le goût de ces produits est de beaucoup supérieur aux autres sans compter les nombreux avantages qu'ils présentent pour la santé.

Au restaurant, j'ai mis au point, avec un spécialiste en fabrication de fromage, une faisselle maison que je sers avec des tranches de brioche caramélisées et un petit pot de caramel de bleuets du Lac—Saint-Jean que les clients versent eux-mêmes sur ce fromage frais.

Il y a aussi un trio de crèmes brûlées parfumées à la chicoutai, au thé vert et au chocolat Domori, qui ne peut laisser indifférent. Le mot réconfort prend aussi tout son sens avec le gâteau fondant au chocolat Domori à 75 % de cacao, dont le centre reste coulant après la cuisson.

Côté bouffe-confort il y a aussi la tarte au sucre d'érable que je sers avec une glace au gingembre et à l'érable et une barbe à papa servie sur un *shooter* de liqueur d'érable.

Je sucre aussi le bec de mes clients avec une trilogie de pommes de l'île d'Orléans : une pomme en cage aux épices, une minitarte Tatin à la vanille et un sorbet rafraîchissant qui donne l'impression de croquer dans une pomme Redcort.

La recette que je vous propose cette semaine est un délicat blanc-manger qui vous rappellera sans doute votre enfance. Je le fais à partir de lait riche et non homogénéisé de la laiterie d'Antan, mais vous pouvez utiliser du lait bio ou encore du lait ordinaire. Ce lait est parfumé avec de la vanille et des amandes entières émincées ; la préparation est légèrement gélifiée et sucrée au sucre biologique Lanctic qui provient de canne fertilisée sur des terres engraissées naturellement, où l'on pratique une stricte rotation des récoltes afin de respecter le terroir et les personnes qui s'en occupent. Le blanc-manger est accompagné d'une gelée de canneberges épicée et d'un sorbet fait avec le même sirop.

...LA NOURRITURE DE RÉCONFORT (*COMFORT FOOD*) FAIT RÉFÉRENCE À LA PHILOSOPHIE DE SLOW FOOD QUI VEUT OFFRIR UNE SOLUTION DE RECHANGE À LA MALBOUFFE ET À LA RESTAURATION RAPIDE...

SLOW FOOD À MA FAÇON

Au milieu des années 70, « l'époque de la congélation » comme on disait dans le jargon du métier, j'avais 16 ans. Je me souviens que dans les restaurants haut de gamme où je travaillais, nous n'avions comme légumes frais d'accompagnement que des carottes géantes en bâtonnets. Pour le reste, on utilisait des légumes surgelés : brocolis, choux-fleurs, épinards qui étaient plongés dans d'immenses chaudrons d'eau bouillante. Une fois décongelés, on les égouttait avant de les passer dans le beurre.

À cette époque, la plupart – sinon la majorité – des poissons et fruits de mer étaient décongelés l'après-midi. Les produits plus rares, comme la sole de Douvres ou les cuisses de grenouille, étaient plongés dans l'eau tiède au moment de la commande avant de les préparer et de les cuire.

C'était l'époque du festival du beurre à l'ail, du riz pilaf et des pommes de terre sautées.

Il n'y avait pas de belles tomates de serre l'hiver et les fruits exotiques se limitaient aux oranges, cantaloups, bananes et avocats.

LE GOÛT DE LAINE

Pour ce qui est des viandes, il y avait du bœuf de je-ne-sais-trop-où et de l'agneau de Nouvelle-Zélande congelé. L'agneau du Québec, ça n'existait pratiquement pas et les gens ne voulaient surtout pas en manger. Ils disaient que ça goûtait la laine, probablement en référence au mouton. Le veau, lui, avait tout de même une certaine allure, car on n'avait pas encore commencé à le *booster* aux hormones de croissance. Et les Italiens, qui s'étaient approprié la gastronomie québécoise, connaissaient bien ce produit. Les fromages, quand il y en avait, étaient d'importation française ou italienne.

C'est fabuleux de voir à quelle vitesse le changement s'est opéré. Aujourd'hui, on parle de plus de 300 fromages québécois, de dizaines de poissons frais provenant d'ici et d'ailleurs, de viandes comme l'émeu, l'autruche, le bison, le cerf, le wapiti, le canard et son foie gras, l'oie d'élevage et son foie gras ainsi que le bœuf Angus. Tous envahissent nos marchés.

Des vins, des cidres de glace, des mousseux, des alcools ont aussi fait leur apparition. Notre terroir a infiniment évolué et cela m'amène à faire des choix tous les jours pour sélectionner les meilleurs produits. J'essaie de pousser encore plus loin en présentant sur ma carte des produits bios.

Une appellation qui, précisons-le, ne veut pas toujours dire que c'est bon au goût. Il en est de même pour les produits sauvages, car si on pêche, on chasse ou on cueille dans des endroits pollués, on aura des produits pollués. Il est important de travailler avec des gens professionnels qui mettent en tête de liste les intérêts de la santé publique et de la nature.

BLANC-MANGER

au sirop de canneberges épicé,
financiers aux amandes et noisettes

Pour 8 personnes

OÙ FAIRE SON MARCHÉ

- Pour les produits bios, une entreprise nommée Distribution
  Horizon Nature, située à Saint-Léonard, s'est donné pour mis-
  sion d'en distribuer une variété impressionnante partout au
  Québec. Elle veut soutenir des entreprises artisanales comme
  la laiterie d'Antan de Saint-Aimé-de-Massueville, près de Sorel
  (www.laitdantan.com).
- Les canneberges bios des baies de Notre-Dame :
  www.fruit-dor.ca.
- Les farines bios, comme celle du Moulin A. Coutu à Saint-Félix-de-Valois, au Saguenay—Lac-Saint-Jean :
  on peut en acheter à La Carotte joyeuse à Québec.
- Les œufs bios de Nutri-Œuf : www.nutri-oeuf.com.
- Les feuilles de gélatine : on en trouve dans les bonnes pâtisseries comme la Gascogne à Montréal,
  à l'épicerie Européenne à Québec et chez Maison Gourmet, à Québec ou dans ses points de vente.
- Pour ceux qui seraient intéressés à joindre la grande famille de Slow Food : www.slowfood.com.
- Si le commerce équitable vous intéresse, vous pouvez vous renseigner sur le site : www.plannagua.qc.ca.

LE VIN

Pineau des Charentes 5 ans
Château de Beaulon
Charentes, France

Qui a dit que les fruitées et sensuelles mistelles étaient stricte-
ment réservées au début du repas ? Certainement pas moi...
La charge en sucre de ce vin, ses notes d'abricots séchés et
ses effluves de vanille ne feront qu'un avec cette caressante
sucrerie.

INGRÉDIENTS

Blanc-manger

Première étape

175 g (6 1/4 oz) d'amandes entières

250 ml (1 tasse) de sucre granulé biologique Lanctic

500 ml (2 tasses) de lait d'Antan

1 gousse de vanille fraîche

Deuxième étape

4 1/2 feuilles de gélatine (2 g par feuille)
ou l'équivalent de gélatine en poudre

100 ml (3 1/2 oz) de lait

250 ml (1 tasse) de crème d'Antan 35 %

Sirop de canneberges épicé

500 ml (2 tasses) d'eau

250 ml (1 tasse) de sucre granulé biologique Lanctic

1 pincée de cardamome

1 pincée de poivre rose

1 clou de girofle

2,5 cm (1 pouce) de bâton de cannelle

1 pincée de poivre long

250 ml (1 tasse) de canneberges émincées ou
passées au robot

Biscuits financiers aux amandes et noisettes

50 g (2,5 oz) d'amandes infusées

50 g (2,5 oz) de poudre de noisettes

100 g (5 oz) de farine bio du Moulin A. Coutu

250 g (8 oz) de sucre granulé biologique Lanctic

300 g (9 oz) de blancs d'œufs bios

250 g (1/2 lb) de beurre doux

TECHNIQUE

Pour le blanc-manger

Première étape

Passer les amandes et le sucre au robot culinaire. Faire bouillir le lait avec la vanille et y ajouter le mélange de sucre et d'amandes. Laisser infuser une trentaine de minutes. Filtrer la préparation avec un linge en coton. Conserver les amandes broyées pour le financier et réserver le lait dans le chaudron.

Deuxième étape

Ramollir la gélatine avec le lait et incorporer au lait d'amandes vanillé encore tiède. Réserver au frigo une vingtaine de minutes. Pendant ce temps, fouetter la crème (elle doit rester très légère, pas trop montée). Puis, l'incorporer au lait gélifié qui commence à peine à prendre au frigo.

Verser l'appareil dans des petits ramequins ou dans un plat familial en verre. Laisser prendre au frigo quelques heures. Démouler au moment de servir ou tout simplement faire le service à même le plat.

Pour le sirop de canneberges aux épices

Mettre l'eau, le sucre et les épices dans une casserole et porter à ébullition. Ajouter les canneberges émincées et laisser mijoter doucement une dizaine de minutes. Refroidir.

Pour les financiers aux amandes et noisettes

Préchauffer le four à 350 °F (180 °C). Repasser les amandes broyées restantes au robot pour les rendre plus fines. En mélanger 50 g (2 oz) avec la poudre de noisettes. Réserver le reste des amandes pour une utilisation ultérieure.

Ajouter la farine et le sucre au mélange, bien remuer. Intégrer doucement les blancs d'œufs pour obtenir une pâte lisse. Mettre le beurre à chauffer sur le feu jusqu'à ce qu'il prenne une belle couleur noisette, puis mettre la casserole sur de la glace pilée pour tiédir ce beurre avant de l'incorporer à la pâte.

Verser la pâte sur une tôle beurrée et farinée de 30 cm X 23 cm (12 po X 9 po) et la mettre dans le four durant 15 à 20 minutes. Quand le biscuit est cuit, retirer du four et laisser refroidir avant de le démouler et de le tailler en morceaux de 7,5 cm X 7,5 cm (3 po X 3 po).

Montage et présentation

Déposer un morceau de biscuit financier dans chaque assiette. Démouler les ramequins de blanc-manger en les trempant un peu dans l'eau chaude et les déposer sur les financiers. Verser un peu de canneberges émincées sur les blancs-mangers et un peu de sirop. Déguster immédiatement. Bon appétit !

L'ATELIER
et ses secrets

Les feuilles de gélatine ne laissent aucun goût désagréable contrairement à la gélatine en poudre.

Les produits laitiers d'Antan sont vraiment très goûteux et font une différence dans ce genre de recette qui met l'accent sur un produit de base.

Attention à la préparation lorsqu'on la place au frigo pour la refroidir avant d'incorporer la crème 35 % légèrement montée.

Lors du démoulage, après avoir passé les moules à l'eau chaude quelques secondes, passer une lame fine sur la paroi des moules pour aider l'appareil à blanc-manger gélifié à mieux sortir.

LE THÉ

Le thé est considéré comme la boisson la plus ancienne au monde et son origine reste entourée de mystère et de légendes. Sa découverte pourrait remonter à 5 000 ans.

Selon l'une de ces légendes, ce serait l'empereur chinois Chen-Nung qui aurait découvert, par hasard, le secret de l'infusion du thé. Emportée par le vent, une feuille serait tombée dans sa tasse d'eau chaude, alors qu'il était adossé à un arbre et se reposait à la suite d'un malaise causé par une plante toxique. Il aurait été surpris par l'odeur et la saveur de sa nouvelle boisson et se serait senti beaucoup mieux. Bien sûr, cette feuille provenait du *Camellia sinensis* qui signifie « arbre à thé ».

Plusieurs inventions ou recettes sont nées accidentellement. C'est pourquoi je donne le bénéfice du doute à l'empereur Chen-Nung qui pourrait bien avoir créé la boisson la plus populaire au monde.

On ne cesse de vanter les mérites du thé. Ses amateurs affirment qu'il possède plusieurs propriétés bénéfiques pour la santé. Il soulagerait le mal de tête, procurerait de l'énergie, stimulerait l'appétit, faciliterait la digestion, etc. Le thé vert pourrait même aider à prévenir le cancer.

Mais ce n'est pas tout. Le thé aurait aussi pour effet d'éliminer les mauvais rêves, d'activer le cerveau, de fortifier la mémoire et, selon les moines zen, d'élever l'esprit et d'inviter à la sagesse. Ce n'est pas un hasard si cette boisson est souvent associée aux personnes âgées à qui l'on attribue cette dernière qualité !

J'aime beaucoup les rituels entourant le thé. En Angleterre, le *five o'clock tea* est sacré. On prend le temps de boire le thé que l'on déguste avec des scones et des muffins grillés nappés de *clotted cream* ou de confiture. On sert aussi un choix de petits sandwichs, dont le plus populaire est au beurre et au concombre, épépiné de préférence.

Dans les pays du Maghreb, on offre le thé à la menthe en signe d'hospitalité avec de nombreuses pâtisseries nappées de miel et saupoudrées de poudre de pistache.

Au Japon, la cérémonie du thé appelée « chanoyu » se déroule selon les principes du respect, de la pureté et de la tranquillité. On boit le thé dans un lieu où les gens sont invités à se débarrasser de tout ce qui gêne leur corps et leur esprit, à la recherche de l'authenticité.

LE THÉ EN CUISINE

L'utilisation du thé en cuisine peut donner une touche particulière à vos plats. Vous pouvez, par exemple, infuser votre thé favori dans un beurre blanc pour accompagner un filet de truite ou pocher un poisson dans une infusion de Lapsang Souchong (thé noir de Chine fumé). Vous pouvez aussi préparer des sauces parfumées au thé noir de Ceylan avec des associations d'oranges et de citrons confits pour accompagner le gibier à plumes (oie, canard, pigeon).

Il est possible de cuisiner d'excellents chutneys, des desserts somptueux comme la crème brûlée ou un île flottante au thé parfumé (jasmin, fleur d'oranger et bergamote sont des saveurs intéressantes). La crème glacée maison au Matcha (poudre de thé vert japonaise) est aussi excellente.

Je concocte une délicieuse soupe de fraises et rhubarbe. D'abord, je prépare un sirop dans lequel je fais infuser du thé vert de Chine (Gunpowder) et de la menthe fraîche. J'y plonge la rhubarbe coupée en bâtonnets, et lorsque le sirop est tiède, j'ajoute les fraises coupées en quartiers, puis je laisse refroidir le tout. Un dessert rafraîchissant, facile à préparer.

...ON NE CESSE DE VANTER LES MÉRITES DU THÉ. SES AMATEURS AFFIRMENT QU'IL POSSÈDE PLUSIEURS PROPRIÉTÉS BÉNÉFIQUES POUR LA SANTÉ...

LE GOÛT ET LA QUALITÉ DU THÉ SONT DÉFINIS PAR TROIS FACTEURS IMPORTANTS :

1. La feuille

Les qualités du thé dépendent entre autres de l'endroit où sont cueillies les feuilles dans l'arbre. Par exemple, la meilleure qualité est Flowery Orange Pekoe qui provient de la partie terminale de la branche, deux feuilles avec le bourgeon. L'Orange Pekoe, le Pekoe, le Pekoe Soushong et le Soushong sont issus des feuilles suivantes, plus grossières.

2. Les méthodes de fabrication

Elles définissent six catégories établies par Mariage et Frères :

- Les thés blancs, uniques, qui sont réalisés grâce à des méthodes rigoureusement naturelles.
- Les thés verts qui résultent d'une préparation spéciale destinée à éviter le processus naturel de la fermentation.
- Les thés semi-fermentés, les intermédiaires entre le thé noir et le thé vert.
- Les thés noirs, qui nécessitent cinq opérations : flétrissage, roulage, fermentation, dessiccation et criblage.
- Les thés parfumés, une association de thé et de parfum (jasmin, rose, fleur d'oranger ou encore bergamote, qui sert à confectionner le fameux thé Earl Grey).
- Les thés compressés : des feuilles de thé vert ou noir semi-fermentées ou parfumées. Elles sont pressées dans des moules et se présentent sous différentes formes de briques.

3. Le terroir

Les meilleurs thés proviennent de la Chine, de l'Inde, du Japon, du Sri Lanka (Ceylan), de la Turquie, de la Thaïlande, de la Corée, du Bangladesh, de l'Indonésie et du Kenya. Ce sont les principaux pays producteurs et exportateurs.

La spécificité du terroir est de la plus haute importance. Comme pour le vin, on parle de grands crus. Les thés sont cueillis dans différentes régions ayant des microclimats et une qualité de sol exceptionnels. La culture se fait sur des hauts plateaux qui peuvent atteindre jusqu'à 2 200 mètres d'altitude, comme dans le cas des plantations du Darjeeling, célèbres jardins situés en Inde sur le flanc est de l'Himalaya. Humide la nuit et ensoleillé le jour, le climat est idéal pour ce thé que l'on surnomme le « champagne des thés ».

SCONES
aux raisins

Donne une douzaine de scones

SAVIEZ-VOUS QUE...

Le thé aide l'esprit à trouver la paix. Il symbolise aussi la longévité, car les théiers vivent des centaines d'années. Les différentes variétés de thé proviennent toutes du *Camellia sinensis*. Le théier est un arbre qui peut atteindre une hauteur considérable. On le taille régulièrement pour qu'il demeure un arbrisseau dont les bourgeons sont pointus et les feuilles raides et brillantes.

INGRÉDIENTS

Scones

500 ml (2 tasses) de farine

15 ml (1 c. à soupe) de poudre à pâte

1 ml (une pincée) de sel

80 ml (1/3 tasse) de beurre ramolli

60 ml (1/4 tasse) de raisins Sultana

125 ml (1/2 tasse) de lait 2 %

1 gros œuf ou 2 petits

Dorure

1 jaune d'œuf

15 ml (1 c. à soupe) de lait 2 %

TECHNIQUE

Préchauffer le four à 400 °F (200 °C). Mélanger la farine, la poudre à pâte et le sel dans le bol du malaxeur. On peut procéder aussi avec une mixette. Ajouter le beurre en petite quantité et mélanger à basse vitesse jusqu'à ce que la texture soit granuleuse. Cette étape s'appelle « sabler ». Ajouter les raisins.

Mélanger l'œuf ou les œufs avec le lait et verser doucement dans le bol du malaxeur jusqu'à ce que le mélange devienne homogène (2 minutes).

Abaisser la pâte à environ 2 1/2 cm (1 po) d'épaisseur entre deux feuilles de papier sulfurisé. Laisser reposer une heure au frigo.

Découper à l'aide d'un emporte-pièce de 6 cm (2 1/2 po) de circonférence des cercles de pâte que vous déposerez sur une tôle à biscuits préalablement beurrée. Mélanger le jaune d'œuf et le lait, puis badigeonner chaque cercle de pâte.

Enfourner immédiatement pendant 12 à 15 minutes. Les scones doivent être dorés, pas trop foncés. On peut les servir quelques minutes après la sortie du four. Saupoudrez-les de sucre en poudre et dégustez-les avec vos confitures préférées et la fameuse *clotted cream* que vous pouvez acheter dans certaines épiceries fines.

Note : Cette crème est réalisée à partir de crème 35 % non pasteurisée, dont on laisse se développer les bactéries à la température de la pièce durant six heures en été et douze heures en hiver. Au terme de cette attente, on fait réduire la crème dans une casserole à feu doux sans ébullition, sans jamais la remuer. On la verse alors dans des petits pots.

J'ai tenté l'expérience en faisant réduire du deux tiers à douce ébullition un demi-litre de crème 35 %. Je l'ai versée dans un récipient et l'ai mise au réfrigérateur pendant 2 heures sur de la glace pilée sans jamais la remuer. Le résultat a été bien accueilli, puisqu'en un rien de temps, confiture de fraises des bois, *clotted cream* et scones sont disparus...

Savoir préparer un bon thé est un art qui demande des attentions particulières. Voici les cinq règles à respecter pour réussir un thé parfait :

1. La qualité et l'authenticité du thé sont primordiales. Il est important d'acheter des thés de maisons reconnues comme Camellia sinensis ou Mariage et Frères. Cette dernière propose plus de 500 sortes de thé, les meilleurs crus provenant des quatre coins de la planète.

2. La qualité de l'eau est aussi importante, car des eaux dures ou chlorées peuvent altérer la qualité d'un grand thé. Je vous suggère d'utiliser l'eau de source embouteillée.

3. La théière doit être appropriée aux différentes catégories de thé pour réussir une infusion parfaite. Elle doit être bien nettoyée et rincée à l'eau chaude avant de faire l'infusion. La porcelaine est conseillée pour les thés fins, comme le Darjeeling.

4. L'infusion se fait à des température de 160 à 195 °F (70 à 90 °C), selon la sorte de thé. Une ébullition prolongée altère son goût.

5. La durée de l'infusion est le grand secret de l'art de préparer le thé : une à trois minutes pour les thés verts et jusqu'à cinq minutes pour les thé noirs, compressés et parfumés.

LE VIN

Blanquette de Limoux
Domaine Fourn
Languedoc-Roussillon, France

Fruité et délicatesse seront aux rendez-vous. Il sera donc important de ne pas servir un vin trop capiteux et imposant.

Son acidité vibrante et ses multiples effluves florales vous ouvriront l'appétit. Cette charmante effervescence sera la bougie d'allumage de toutes célébrations festives.

LE TEMPS
des sucres

Les journées rallongent, les corneilles et les hirondelles se disputent les câbles téléphoniques, la neige fond pendant le jour et le gel reprend la nuit venue... Ça y est. Le printemps est enfin arrivé avec ses changements brusques de température idéals pour l'un des phénomènes les plus extraordinaires de la nature : la coulée des érables !

Cette manifestation de la nature m'a toujours impressionné. À l'adolescence, j'ai même essayé de percer les secrets de la tire d'érable et tenté d'en fabriquer avec mon propre sirop et avec l'aide de mon cousin. L'idée d'entailler les érables derrière la maison familiale de Notre-Dame-des-Laurentides me chatouillait l'esprit depuis un bon moment. Nous étions curieux, de nature exploratrice, dotés d'un sens de la débrouillardise plutôt développé... et un peu inconscients.

Par un beau jour de printemps, nous avons entaillé une vingtaine d'érables avec, en guise de chalumeaux, des bouts de tuyaux de métal enfoncés à coup de marteau à la base des arbres. Des contenants de plastique que nous avions «empruntés» à la maison servaient de chaudières pour récolter la sève.

Chaque jour nous réservait une surprise. Après l'école, on se rendait derrière la maison à toute vitesse pour voir quels érables avaient été les plus généreux. Je crois bien qu'en deux semaines, nous avons réussi à remplir une grosse cuve en aluminium de 20 litres, celle dans laquelle ma mère faisait tremper les vêtements qu'elle lavait à la main quand nous étions petits.

Quelle énergie ça nous avait pris pour récolter l'eau d'érable nécessaire !

Le dimanche matin suivant, vers 8 h, nous avons préparé un feu de bois en plein air, entouré de briques « empruntées » sur un chantier de construction. Ces dernières nous servaient d'assises pour la fameuse cuve de métal que nous avions mise sur le feu. Les effluves commencèrent rapidement à nous chatouiller le nez. D'heure en heure, nous nous approchions du but ultime : déguster enfin le fruit de tant d'efforts. La sève se transformait en un sirop de plus en plus foncé et épais que nous transvidions, en soupirant de découragement, dans des chaudrons toujours de plus en plus petits... Et nous en profitions pour tester sa cuisson sur la neige.

Après huit longues heures de douce ébullition et une demi-corde de bois de chauffage, nous avons aperçu les premiers nombrils dans le sirop. Pas plus d'une tasse du nectar précieux... comme un mirage au fond de la casserole, à travers la fumée.

Fiers et un peu déçus à la fois par la quantité obtenue grâce à notre dur labeur, nous avons versé le sirop épais sur un banc de neige découpé en forme de gouttière avec un couteau mal aiguisé.

Nous avions le corps rassasié de grand air et réchauffé par les braises, les pommettes rouges et le cœur joyeux. Je conserve un souvenir impérissable de cette fin de journée. Le soleil baissait rapidement et ses rayons rougeâtres, typiques des fins d'après-midi du mois de mars, nous éblouissaient. Le vent, lui, commençait à balayer les cendres sur les braises pendant que nous, on se sucrait le bec avec notre tire d'érable.

...IL EST POSSIBLE D'IDENTIFIER UN BON SIROP À L'ACHAT : PLUS UN SIROP EST CLAIR ET PÂLE, PLUS SON GOÛT SERA RAFFINÉ ET MEILLEURE SERA SA QUALITÉ...

LE SIROP D'ÉRABLE DANS MA CUISINE

Après ces expériences, mon goût pour le sirop d'érable ne s'est jamais altéré, tout comme le respect que j'ai pour les gens qui le fabriquent. Et c'est pourquoi j'utilise les produits de l'érable dans plusieurs de mes recettes. La plus populaire est sans contredit ma crème brûlée à l'érable, suivie de près de mon soufflé à l'érable et Sortilège (whisky à l'érable), recette que vous trouverez dans mon premier livre.

La tarte à la crème et sucre d'érable que je vous présente ici est la plus légère et la plus délicate des tartes au sucre. Je l'accompagne de crème glacée et d'une tuile au même parfum. Parfois, j'aime la déguster avec des quartiers de figue caramélisés avec un peu de sirop et flambés avec du Sortilège.

Je m'amuse encore à faire de la tire d'érable à la maison ou au restaurant. Je fais réduire du sirop que je verse sur un plateau rempli de neige. Je vous livre aussi les secrets pour la réussir dans votre quotidien.

Pour ce qui est du salé, le saumon fumé du Fumoir Charlevoix est laqué à l'érable. Il est délectable accompagné de chips de pommes de terre Yukon Gold et d'une salade de concombres aromatisée avec une émulsion de jus de pomme et d'huile de cari.

Je badigeonne mes côtes levées de cerf de Boileau de sirop d'érable parfumé au gingembre, au cinq-épices, au soya et au vinaigre de riz. C'est absolument divin ! Le canard de la Ferme Basque de Charlevoix est servi avec une sauce laquée à l'érable et des rouleaux impériaux préparés avec son confit.

La poêlée de foie gras de canard de la ferme Le Canard Goulu est le summum de la gourmandise. Elle est soutenue par des fruits exotiques caramélisés avec du sirop d'érable et déglacés au vinaigre balsamique Del Lucas. À vous maintenant de mettre le sirop d'érable à l'honneur sur votre table !

TARTE À LA CRÈME
et au sucre d'érable

Pour 4 personnes

SAVIEZ-VOUS QUE...

La sève provient en général de trois espèces d'érable : les érables à sucre, les érables rouges et les érables argentés.

La fabrication d'un bon sirop dépend de plusieurs facteurs, dont la localisation de l'érablière, le procédé de récolte, le temps de l'évaporation, la qualité de la coulée de la sève ainsi que la régularité et la durée de la cuisson.

Il est possible d'identifier un bon sirop à l'achat : plus un sirop est clair et pâle, plus son goût sera raffiné et meilleure sera sa qualité.

On classe le sirop d'érable en deux catégories: numéro 1 et numéro 2, selon son goût, sa densité et ses résidus de filtration. Puis, on le classe en fonction de sa couleur : (AA) extra clair, (A) clair, (B) médium, (C) ambré et (D) foncé. Le plus recherché et le plus cher est le numéro 1 (AA). Il se déguste à l'état brut. Pour cuisiner, un numéro 1 (A) fait bien l'affaire.

INGRÉDIENTS

Tarte à la crème et au sucre d'érable

Pâte

225 g (1/2 lb) de beurre à la température de la pièce

325 ml (1 1/4 tasse) de sucre glace

750 ml (3 tasses) de farine

2 œufs

50 g (2 oz) de poudre d'amandes

Appareil au sucre d'érable

125 ml (1/2 tasse) de sucre d'érable

30 ml (2 c. à soupe) de farine

500 ml (2 tasses) de crème à 35 %

2 gros œufs

15 ml (1 c. à soupe) de cannelle moulue

TECHNIQUE

Pour la pâte

Dans le bol du mélangeur, déposer le beurre tempéré et le sucre. Bien mélanger et ajouter la farine. Dans un petit bol, mélanger les œufs et la poudre d'amandes. Verser sur le mélange de farine, beurre et sucre glace.

Pétrir doucement, former une boule et la laisser reposer au frigo. Étendre la pâte et la mouler dans quatre petits moules à tarte de 10 cm (4 po) de circonférence et 2,5 cm (1 po) de hauteur. Les placer au frigo pour les raffermir. Cuire 15 minutes à 375 °F (190 °C) au four à convection pour les précuire. Prévoir 5 à 6 minutes de plus dans un four conventionnel.

Note: On peut faire une seule grande tarte à l'aide d'un moule à fond amovible, toujours en faisant précuire la pâte de la même façon.

Pour l'appareil au sucre d'érable

Verser 30 ml (2 c. à soupe) de sucre d'érable au fond des tartelettes précuites. Saupoudrer de farine le sucre d'érable. Mélanger la crème et les œufs dans un bol avec un fouet et verser sur le sucre d'érable jusqu'au rebord. Saupoudrer généreusement de cannelle et enfourner à 225 °F (105 °C) pendant 35 minutes. Sortir du four et laisser tempérer. Servir à la température de la pièce.

Tire à l'érable

1 boîte (526 ml) de sirop d'érable

Neige propre ou glace concassée

Verser le sirop dans une casserole à fond épais pouvant contenir 2 litres (8 tasses). Déposer le thermomètre à bonbon sur le rebord, la sonde dans le sirop. Pour éviter que le sirop en ébullition ne déborde, on peut utiliser une cuillère dont on pliera le manche afin de l'accrocher au rebord du chaudron et laisser suspendre l'autre bout à plat au centre du chaudron avec un peu d'eau dans la cuillère. Quand le sirop monte et touche la cuillère, il redescend aussitôt et évite le débordement.

Porter à ébullition et amener le sirop entre 230 et 234 °F (110 et 112 °C). Compter environ 20 minutes. Ne jamais remuer pendant la cuisson. Retirer la casserole du feu et laisser tiédir quelques minutes.

LE VIN

Premières grives
Domaine du Tariquet
Gascogne, France

C'est la fin de l'hiver et l'arrivée des grives affamées, il faudra donc vite vendanger ces petites ampoules gorgées de matière sucrée.

Ce caressant vin blanc demi-sec aux émanations de miel et de fruits exotiques n'écrasera nullement cette sublime douceur printanière.

Remplir un récipient en plastique de neige ou de glace concassée. Étendre 15 ml (1 c. à soupe) de sirop épais sur la neige, attendre 15 secondes et rouler autour d'une petite palette en bois. Si le sirop épaissit trop, le remettre sur le feu doux.

Note: Ne jamais remuer le sirop pendant et après la cuisson, il pourrait cristalliser.

LES CRITIQUES
critiqués

Il y a presque un an, la critique gastronomique et coordonnatrice du cahier Actuel du quotidien *La Presse*, Marie-Claude Lortie, me lançait une idée : « Pourquoi ne pas échanger nos rôles ? On demanderait aux critiques de cuisiner et à des chefs de passer à table pour critiquer leur repas. Ce serait en quelque sorte, le critique critiqué, l'arroseur arrosé. Il me semble qu'on pourrait tous apprendre des choses à faire cet exercice ».

J'ai tout de suite aimé ce projet. Imaginez : se jeter délibérément dans la gueule du loup... Ah ! ah !

L'idée était de faire une trêve pendant un moment, de donner la chance aux chefs de s'exprimer et de rigoler un peu en compagnie de ceux qui les ont déjà critiqués.

Critiques et chefs exercent des métiers différents mais complémentaires. Risquions-nous, avec un tel événement, de gâter la sauce, puisque nos positions sont parfois opposées ? Ou cela amènerait-il plus de compréhension de part et d'autre, au moins le temps d'un dîner ?

C'est avec ténacité que j'ai relancé Marie-Claude pendant plusieurs mois. J'avais l'impression qu'elle perdait de son enthousiasme, probablement en pensant aux conséquences et à l'ampleur de son idée géniale. Mais un repas a finalement été préparé en avril 2005 par Marie-Claude et Robert Beauchemin, collaborateur et critique gastronomique à *La Presse*. La comédienne Louise Latraverse, fine gourmande, s'est portée volontaire pour aider en cuisine et au service, tout en faisant sa Violette durant le repas. Les vins ont été sélectionnés par François Chartier, qui rédige la chronique sur les harmonies mets et vins à *La Presse*.

Les chefs présents étaient Martin Picard, du Pied de Cochon, Stelio Perombelon, des Chèvres, Marc De Canck de La Chronique et moi-même, du laurie raphaël. J'ai écrit cette critique au nom de mes confrères cuisiniers et en tant que collaborateur à *La Presse*.

LA ROUTE DES ÉPICES

C'est dans une charmante demeure que s'est déroulé ce repas tant attendu et déjà, en arrivant, on pouvait déceler des odeurs d'épices asiatiques, un peu comme celles des soupes-repas des restaurants vietnamiens.

Accueillis chaleureusement par nos hôtes, nous avons pris l'apéro dans la cuisine. Nous contemplons d'entrée de jeu le spectaculaire amuse-bouche dressé sur un comptoir faisant office de frontière entre la salle à manger et la cuisine, où trônait une cuisinière Wolf qui nous confirme que nous sommes bel et bien chez des *foodies*. Nous avons été invités à prendre place autour d'une grande table en bois verni, qui n'avait pas été nappée pour l'occasion.

Le repas a commencé avec le même vin blanc qu'à l'apéro, un Days of Wines and Roses 2002 autrichien, délicieux, mais qui n'avait pas la chance de se révéler tant l'amuse-bouche était salé. De minces tranches de prosciutto séchées au four, qui avaient pris en salaison durant la cuisson, étaient accompagnées de grissini savoureux, habilement confectionnés. Ils avaient été saupoudrés de fleur de sel au merlot (un produit arrivé depuis peu) et d'épices que nous ne parvenions pas à déceler.

AVEZ-VOUS DIT STRESSÉE ?

« Combien de fois me suis-je demandé, stressée comme pas une à l'idée de recevoir ces quatre géants, pourquoi avais-je eu cette idée de fou. Imaginez : quatre créateurs et techniciens hors pair, dans ma cuisine, à mettre dans leur bouche des plats sortis de mes assiettes. Je ne vous ferai pas la liste de toutes les choses qui auraient être mieux préparées, pensées, imaginées, on ne s'en sortira pas. Mais j'oublierai vite ces détails ratés alors que je me rappellerai encore, dans des années et des années, à quel point je me suis sentie honorée de leur présence, de partager leurs idées, d'entendre leurs commentaires. Je me rappellerai leur gentillesse, leur enthousiasme, leur générosité. Et le grand plaisir qu'on a eu à manger tous ensemble. »

Marie-Claude Lortie

Plantés dans des petits verres remplis de graines de pavot, ces grissini auraient eu avantage à être accompagnés d'huile d'olive, histoire de faire adhérer les graines de pavot. Ce plat recherchait l'apparat plutôt que l'harmonie des saveurs !

Nos hôtes nous ont expliqué alors qu'ils avaient choisi un thème : la route des épices. Ils voulaient compliquer notre travail de critique en nous obligeant à identifier les épices qui assaisonnaient les plats. Martin Picard, lui, voulait manger. « Peut-on juste apprécier lorsqu'on est critique gastronomique ? », a-t-il lancé avec sa bonne humeur légendaire. Bonne idée, mais loin de mes intentions !

Une divine soupe aux carottes, qui tenait plutôt de la crème par définition, nous a ensuite été offerte dans de jolies tasses en faïence, de style anglais. Cette crème de légumes, pas trop riche, manquait légèrement de consistance et avait pour toile de fond un parfum d'anis étoilé. Cet élixir presque parfait portait cependant en lui une légère distorsion : celle de l'huile d'olive mise en trop grande quantité au dernier moment, altérant ainsi le bouillon de volaille utilisé pour ce potage. Autre légère déception : l'infime quantité servie.

L'AGNEAU DES PRÉS

C'est avec appétit que nous attendons le plat principal, « l'agneau des prés » ainsi décrit dans le menu. L'histoire ne nous a pas dit de quels prés il s'agissait, car ceux-ci, au mois de mars, se faisaient très rares.

Un plat convivial joliment présenté en superposition nous a finalement été servi. Le jarret d'agneau du Québec était braisé de façon magistrale, sa chair délicate et moelleuse à souhait fondait en bouche, son jus bien réduit était corsé à point et parfumé en majeure partie à la coriandre.

Une petite quantité d'un condiment d'origine mexicaine appelé *mole* (pâte de cacao relevée de différentes sortes de piments) a été déposée dans l'assiette et c'était absolument délirant lorsqu'on en badigeonnait un jarret. Robert nous a appris qu'il a acheté ces épices durant son dernier voyage au Mexique.

Une harmonie avec le vin servi se révéla enfin à nous. Les notes de cacao du Rioja du Marquis de Murrieta, d'origine espagnole, chevauchèrent allègrement les parfums piquants du *mole* et la saveur délicate de l'agneau. La garniture du plat était toutefois un peu décevante : une polenta trop cuite et fade, surmontée d'une purée de céleri-rave passée rapidement au robot, qui manquait de texture et de raffinement.

Pendant que nous exprimions notre opinion sur les fromages québécois, on nous a apporté une sorte de pastilla au bleu, en l'occurrence du ciel de Charlevoix, où de fines feuilles de pâte filo étaient superposées et tartinées trop légèrement de bleu et trop généreusement d'une pâte de coing trop sucrée. Heureusement que la salade de fenouil à la fleur d'oranger qui l'accompagnait était bien salée et acidulée. Car sans elle – même si nous savourions ce feuilleté –, nous nous serions cru au dessert.

LE CLOU DU REPAS

Le clou du repas fut sans aucun doute le gâteau au chocolat : un pavlova des plus réussis! Une meringue mi-cuite au chocolat (qui n'est pas facile à réaliser) sur laquelle reposait une généreuse couche de crème fraîche onctueuse et pas trop sucrée, le tout garni d'agrumes frais macérés dans un sirop épicé. Nous en avons tous repris deux fois, tellement ce délicat pavlova nous procurait du bonheur. L'art de laisser ses convives sur une note positive, nos hôtes l'avaient bien compris.

Une deuxième harmonie parfaite : un vin doux naturel, en l'occurrence un Rivesaltes ambré Hors d'âge de millésime 1974. Blanc doré lorsqu'il est jeune, puis de plus en plus ambré en vieillissant, ce vin porte des arômes qui rappellent alors les fruits secs, le miel, les agrumes confits et les noix ! Quel nectar pour accompagner ce fabuleux dessert.

Le repas s'est terminé avec des sucreries fort intéressantes : la première, une ganache (chocolat fondu à la crème) infusée à l'anis étoilé qui rappelait à la fois la texture d'un fudge et le goût d'une truffe.

La deuxième, une sucrerie exceptionnelle : les niaiseries de Laurette. Une recette ingénieuse inventée par la grand-mère de Marie-Claude et récupérée par sa mère dans un livre de cuisine familial. Ce sont des bâtonnets de brioche imbibés d'un mélange de beurre salé, de cannelle et de cassonade, puis rôtis dans une poêle en fonte pour les caraméliser légèrement... Un pur délice dans lequel nous avons tous plongé !

Ce fut un repas réussi dans son ensemble. Nos hôtes auraient pu mettre plus d'emphase sur le thème de la route des épices dont on nous avait fait mention au début du repas, par exemple présenter des herbes fraîches sur la table en guise de fleur ou en saupoudrer des sèches sur le pourtour des assiettes ou encore, en faire chauffer sur des pierres brûlantes comme on nous l'a présenté si élégamment au restaurant Les Chèvres pendant le festival Montréal en lumière ! Nous avons eu beaucoup de plaisir, nous nous sommes régalés et rassasiés, à part peut-être Martin qui léchait le fond de tous les chaudrons à la fin de la soirée. Nous sommes prêts à revenir n'importe quand.

DROIT DE PAROLE

Cette soirée nous a permis de constater à quel point le métier de critique exige de la concentration. On doit vraiment s'arrêter, goûter et réfléchir. Ce n'est pas seulement prendre un bon repas au resto aux frais du journal.

La critique écrite est cependant une communication à sens unique. Les restaurateurs et les chefs n'ont pas droit de réplique, ce qui engendre parfois des frustrations. La critique, c'est aussi l'opinion d'une seule personne qui ne détient pas nécessairement la vérité.

Être restaurateur n'est pas un métier facile et pour réussir un repas, on doit porter attention à des dizaines de petits détails anodins : la qualité de la nappe, des menus impeccables, la propreté des ustensiles, l'éclairage, le pliage des liteaux, etc. Les chefs doivent aussi s'adapter à plusieurs facteurs souvent indépendants de leur volonté, comme le nombre de réservations, la rareté du bon personnel, les intempéries qui influencent l'approvisionnement en aliments...

Ces facteurs peuvent avoir un impact sur la qualité d'une sortie au restaurant. Mais ça, bien sûr, les critiques ne veulent pas en entendre parler. Sinon, ils se laisseraient attendrir et ne pourraient faire leur travail convenablement. Nous devons composer avec la critique et donner le meilleur de nous-mêmes. Et cela, pour la plupart des restaurateurs, 16 heures par jour et, trop souvent, sept jours sur sept !

PLUS ET MOINS AIMÉ...

Stelio Perombelon, de Les Chèvres
Plus : la conscientisation des critiques sur la quantité infinie de détails dont il faut s'occuper pour réussir un repas.
Moins : aurait aimé une nappe sur la table.

Daniel Vézina, du laurie raphaël
Plus : la corbeille à pain de la boulangerie le Fromentier.
Moins : pas de beurre sur la table.

Marc De Canck, de La Chronique
Plus : la convivialité
Moins : les assiettes froides au plat principal.

Martin Picard, du Pied de Cochon
Plus : A aimé qu'il n'y ait pas de nappe sur la table.
En moins : Aurait aimé qu'on goûte aux vins avant de les servir, ce qui aurait permis d'éviter un vin bouchonné...

L'IMPACT D'UNE CRITIQUE

Lorsque la critique est positive – une belle publicité gratuite disons-le –, on remarque généralement une augmentation de la clientèle durant les jours qui suivent. Si la critique est mauvaise, on observe une diminution. On a déjà vu des fermetures de restaurants dans de très rares cas.

Les chefs sont heureux lorsque les critiques comprennent leur art, la subtilité de certains mariages d'aliments, l'harmonie des vins et des mets. Les bonnes critiques nous propulsent au firmament des stars de cuisine, mais pour un temps seulement. Comme le disait la comédienne Louise Latraverse, qui comparait la critique d'un restaurant à celle du théâtre, « on n'est que notre dernier succès ».

J'ajouterais que la représentation que l'on donne au restaurant tous les soirs est cependant plus complexe. Car contrairement au théâtre, les spectateurs n'arrivent jamais à la même heure et les répliques ne sont jamais dans le même ordre. Un soir, on prépare douze saumons et un thon; le lendemain, cinq saumons et huit thons... jamais avec la même cuisson.

De plus, la cuisine n'est pas une science exacte. Il n'y a jamais deux farines qui absorbent les mêmes quantités d'eau ou deux viandes aussi tendres.

Les plus grands cuisiniers sont ceux qui savent le mieux s'adapter aux différents facteurs de changement en cuisine. Les plus grands critiques sont, à notre humble avis, ceux qui comparent des pommes avec des pommes et des poires avec des poires ; ce sont ceux qui ne mêlent pas leur histoire personnelle à leurs critiques, qui demeurent objectifs.

Les critiques doivent dépasser leur propre goût et s'ouvrir à de nouvelles façons de faire, à de nouvelles influences. Ils doivent emprunter le même chemin qu'un client « normal », car c'est pour lui qu'ils écrivent. On ne doit pas trop ressentir leurs états d'âme, mais plutôt leur talent de dégustateur.

Cet exercice nous a enchantés. Les critiques ont fait preuve d'ouverture en nous donnant la chance de chausser leurs souliers. Remettre en question sa vérité n'a jamais tué personne, faire preuve d'humilité non plus.

Les critiques et les chefs n'ont pas l'habitude de se côtoyer. Chacun respecte le travail de l'autre. Sans les restaurants, le métier de critique gastronomique n'existerait pas.

Pour les chefs, le métier serait moins passionnant sans la critique. Stressante, bien sûr, elle nous oblige cependant à nous dépasser et à nous remettre en question.

PAVLOVA
AU CHOCOLAT
et aux oranges épicées

Pour 8 personnes

UN PRIVILÈGE

« Je n'ai jamais caché mon admiration pour le métier de cuisinier que je considère difficile et ingrat. L'idée de faire la cuisine et de recevoir quatre des meilleurs chefs du Québec et de me soumettre à leur jugement, était donc pour moi un témoignage de considération. Mais c'était aussi l'occasion de leur offrir une des meilleures preuves de mon sérieux. Car entre nos deux métiers antagonistes en apparence, celui de critique et celui de cuisiner, il y a des éléments prépondérants : encourager la qualité des produits, convenir du travail primordial de l'artisan et concéder à l'art de la table ce qu'il y a de plus noble, le plaisir à l'état pur. Je remercie ces quatre grands talents de s'être soumis au jeu. Ce fut pour moi un rare privilège. »

Robert Beauchemin, collaboration spéciale

INGRÉDIENTS

Oranges épicées

5 oranges

500 ml (2 tasses) d'eau

250 ml (1 tasse) de sucre

2,5 ml (1/2 c. à thé) de clou de girofle

5 ml (1 c. à thé) de graines de cardamome

1 bâton de cannelle

Meringue

6 blancs d'œufs

300 g (9 oz) de sucre

45 ml (3 c. à soupe) de cacao en poudre tamisé

5 ml (1 c. à thé) de vinaigre balsamique

50 g (2 oz) de chocolat en morceaux

Finition

500 ml (2 tasses) de crème à fouetter

125 ml (1/2 tasse) de sucre

Chocolat noir

TECHNIQUE

Pour les oranges

Raper le zeste d'une des oranges. Peler et couper toutes les oranges à vif et prélever les suprêmes entre les cloisons. Porter à ébullition l'eau, le sucre, le zeste et les épices puis laisser mijoter doucement pendant 45 minutes pour obtenir un sirop parfumé. Retirer du feu et laisser bien refroidir le sirop. Quand le sirop est froid, y plonger les suprêmes d'oranges et laisser mariner pendant plusieurs heures au frigo.

Note : au moment de servir le pavlova, on utilisera uniquement les oranges, pas la marinade.

Pour la meringue

Réchauffer le four à 350 °F (180 °C). Monter les blancs d'œufs en neige. Ajouter le sucre graduellement jusqu'à ce que la meringue soit ferme. Avec une grosse cuillère, incorporer délicatement le cacao, le vinaigre et les morceaux de chocolat. Étaler la meringue en forme de disque, à l'aide d'une spatule, sur une tôle à pâtisserie recouverte de papier parchemin. Réduire la température du four à 300 °F (150 °C) et faire cuire la meringue durant 1 h. Celle-ci ne doit pas être trop cuite ! Éteindre le four et entrouvrir la porte tout en laissant la meringue à l'intérieur pour qu'elle refroidisse doucement. Déposer sur un plat de service.

Montage de l'assiette

Tout juste avant de servir, fouetter la crème et ajouter le sucre. Tailler des copeaux de chocolat avec un économe ou faire des flocons avec une râpe. Étaler la crème sur la meringue. Déposer les fruits bien égouttés au centre de la crème. Décorer avec le chocolat. Servir immédiatement.

SAVIEZ-VOUS QUE...

Le gâteau pavlova a été inventé par le chef australien, Herbert Sachse, au moment de la visite de la grande ballerine russe Anna Pavlova, à Perth, en 1935. Ce dessert a été adapté de différentes manières depuis des décennies. La version de Marie-Claude, au chocolat avec des quartiers d'oranges confits dans un sirop aux épices, est de loin la meilleure que j'ai jamais mangée.

Je luis ai donc demandé la recette afin que vous puissiez, vous aussi, séduire vos invités mais pour que vous compreniez également que la clé de la réussite des grands repas, c'est avant tout le plaisir de la gourmandise et des saveurs qui se traduisent en émotions et nous rendent heureux. Or, c'est ce que fait ce délectable pavlova.

LE VIN

Colheita 1989
Feist
Haut-Douro, Portugal

Issu d'un grandissime millésime, ce vin muté aura séjourné huit ans en fût de chêne avant d'être servi dans votre verre. Il sera en parfaite liaison avec cette recette chocolatée à souhait.

Son bouquet est composé d'enivrants parfums de fruits secs. Et quelle bouche juteuse et coulante...

PÂQUES
et mes péchés mignons

Mes petits péchés sont presque toujours associés à la gourmandise, à un plat que j'aime à la folie, à des mets dont je raffole, des gâteries qui me rendent la vie plus douce : croquer un foie gras poêlé, me gaver de cassoulet ou de pot-au-feu, sans modération et sans remords, juste pour le plaisir des sens. Assouvir mes rêves gourmands est une de mes passions, ma raison de vivre.

Mon père m'a raconté qu'étant petit, je piquais des crises magistrales à table pour avoir une deuxième ration. Je réclamais mes friandises préférées en échange de bouteilles vides au dépanneur du coin. J'ai même déjà donné un coup de pied à la caissière parce qu'elle ne m'en avait pas assez donné. J'ai menti, pleuré, charmé, fait semblant d'être malade... Tous les moyens étaient bons pour qu'on me cuisine mes recettes favorites. Et le comble, c'est qu'en plus, j'avais toujours peur d'en manquer.

Heureusement que plus tard la situation a quelque peu changé. Le métier que j'ai choisi m'a très certainement aidé à trouver un équilibre dans ma façon de me nourrir. J'arrive maintenant à mes fins par ténacité et curiosité. Je peux marcher des kilomètres pour manger un poulet fermier rôti avec des frites. Je peux sillonner des routes inconnues pour déguster la meilleure bouillabaisse. J'ai tourné en rond dans les vignobles de France, d'Italie et de Californie pour goûter les meilleurs vins. Rien ne m'arrête. Je suis toujours prêt à tout pour relever le défi du bien boire et du bien manger...

Dans un monde où presque le tiers de la population ne mange pas à sa faim, je trouve essentiel d'éviter le gaspillage d'eau et de nourriture. La destruction de denrées à cause des quotas à respecter me semble le plus grand des péchés. Se nourrir est un acte sacré et il est de notre devoir de bien gérer les ressources dont on dispose.

Le deuxième plus grand péché serait de ne pas être capable de partager ce qu'on on aime le plus. On ne peut apprécier quelque chose à sa juste valeur que si on le partage.

La période précédant Pâques, le carême, m'amène à me questionner sur la relation que j'ai avec la nourriture. Peut-être parce qu'étant jeune on m'interdisait les friandises pendant cette période ? C'est vrai que lorsque je trichais un peu, j'avais l'impression de commettre un gros péché ! Par contre, ces petites abstinences m'ont fait prendre conscience de la chance que j'avais de vivre dans une société d'abondance.

Pâques venu, j'appréciais plus encore les cadeaux qu'on m'offrait. Mes lapins et mes œufs en chocolat me rendaient fou de joie. Je sentais que je les méritais plus qu'à n'importe quel autre moment de l'année. Encore aujourd'hui j'ai une grande admiration pour cette fête ou l'on partage des moments de gourmandise entre amis et en famille.

...MES PETITS PÉCHÉS SONT PRESQUE TOUJOURS ASSOCIÉS À LA GOURMANDISE, À UN PLAT QUE J'AIME À LA FOLIE, À DES METS DONT JE RAFFOLE...

DANS MA CUISINE

Pour le brunch de Pâques, j'invite ceux que j'aime à la maison. Je leur prépare des brouillades d'œufs très crémeuses et bien assaisonnées que je verse dans les coquilles d'œufs que j'aromatise avec différents parfums. Pour ce faire, la truffe fraîche est excellente. Je dépose plusieurs œufs entiers crus avec une truffe fraîche dans un bocal fermé hermétiquement. Quelques jours d'attente et les œufs ont pris le goût de la truffe.

Il ne reste qu'à casser les coquilles, à brouiller les œufs avec de la crème et à assaisonner. En dehors de la saison des truffes fraîches, j'utilise de l'huile de truffe qui les remplace à merveille. Un autre de mes cocos préférés : la brouillade au caviar de l'Abitibi. Quel bonheur ! Celle au saumon fumé et ciboulette est aussi un ravissement pour les papilles gustatives.

Pour le troisième anniversaire de mon restaurant, j'ai créé un coco spécial : la Double Folie. Au fond des coquilles, on dépose des petits cubes de foie gras poêlés. On remplit ensuite la cavité avec la brouillade et on termine avec un peu de caviar russe ou iranien. Tous ces œufs, je les dépose sur des coquetiers. J'affectionne tellement ces petites coupes que j'ai démarré une collection dont je suis fier ! Mes amis me les offrent en cadeaux, me les rapportent de différents pays.

ŒUFS À LA NEIGE

Les œufs à la neige sont un autre de mes péchés mignons. Le secret consiste à faire une meringue avec 4 blancs d'œuf et 60 ml (1/4 tasse) de sucre granulé. Vous devez battre les blancs à l'aide d'une mixette. Lorsqu'ils sont bien montés, commencez à y verser le sucre doucement et battre environ 2 minutes pour bien les serrer. Faites ensuite des petites quenelles en forme d'œuf, déposez-les dans une assiette et envoyez-les au micro-ondes 20 secondes. Essayez, c'est magique : les œufs seront cuits parfaitement. Je les accompagne avec de la crème anglaise parfumée au thé et je les nappe avec un peu de chocolat fondu avec de la crème.

Aujourd'hui, je vous offre ma recette d'équilibre et harmonie de chocolat et fondant à l'érable. Je l'ai créée à l'occasion de Pâques, il y a quelques années. Un peu plus tard la présentation de cette recette est devenue spectaculaire grâce à la collaboration et au talent de Martin Guillemette, mon jeune chef pâtissier à l'époque.

SAVIEZ-VOUS QUE...

La fête de Pâques a été fixée au dimanche qui suit la pleine lune de l'équinoxe du printemps.

Au Moyen-Âge, les œufs étaient interdits pendant le carême, d'où leur bénédiction le Samedi Saint et leur apparition en grand nombre le jour de Pâques.

Les œufs sont le symbole du renouveau par excellence. L'œuf de Pâques, avant d'être en chocolat, a longtemps été un œuf peint à la main ou gravé de symboles exprimant des vœux. Selon les croyances de l'époque, on les peignait aussi de couleur rouge pour évoquer la force afin de chasser les mauvais esprits.

Les plus beaux œufs de Pâques sont certainement ceux de Carl Fabergé qui les concevait pour les tsars de Russie. Le premier a été conçu pour Alexandre III à la fin du XIXe siècle, qui souhaitait l'offrir à la tsarine Maria Feodorovna. Cet œuf était composé de plusieurs œufs. Le premier en émail blanc renfermait un deuxième œuf en or, qui lui-même contenait une poule en or aux yeux de rubis, laquelle emprisonnait la couronne impériale miniaturisée, qui, à son tour, cachait un rubis en forme d'œuf. Quelle splendeur ! C'est ainsi que Fabergé aurait commencé cette célèbre collection qui compte 57 merveilles.

ÉQUILIBRE ET HARMONIE
de chocolat et fondant à l'érable

Pour 4 personnes

INGRÉDIENTS

Caramel à coller et le sucre filé

250 ml (1 tasse) de sucre

1 pincée crème de tartre

60 ml (1/4 tasse) d'eau

Mousse au chocolat Domori

200 g (7 oz) de chocolat Domori
(Esméraldas 75 %) ou autre

80 ml (1/3 tasse) de crème

2 jaunes d'œufs

45 ml (3 c. à soupe) de sucre en poudre

325 ml (1 1/3 tasse) de crème 35 %

Fondant à l'érable

250 ml (1 tasse) de crème 35 %

80 ml (1/3 tasse) de sirop d'érable

30 ml (2 c. à soupe) de Maple,
une crème alcoolisée à l'érable

Sauce au chocolat

80 ml (1/3 tasse) de crème 35 %

60 ml (1/4 tasse) de chocolat Domori râpé
(Esméraldas 75 %)

LE VIN

Late Bottled Vintage 1996
Castelinho
Haut-Douro, Portugal

Nous avons besoin d'un vin sucré, capiteux et issu d'un millésime solaire pour ce sublime dessert.

Ce colosse élaboré en plein cœur du Haut-Douro formera un duo explosivement chocolaté avec ses notes de moka, de café, de cacao et de tabac blond.

TECHNIQUE

POUR L'ÉQUILIBRE

Couper les coquilles d'œufs en utilisant le bouchon en aluminium d'une bouteille d'alcool. Adosser la partie vide et coupante du bouchon sur la pointe de l'œuf, d'époser l'œuf dans le creux de la main et frapper le bouchon à petits coups sur le comptoir. Cette étape se fait d'une seule main. Retirer la calotte et la réserver. Vider l'intérieur et récupérer les jaunes pour faire la glace à l'érable et la mousse au chocolat.

Pour le caramel à coller et le sucre filé

Dissoudre le sucre et la crème de tartre dans l'eau et amener à ébullition jusqu'à ce que le sirop prenne une belle teinte dorée, soit 275 °F (135 °C). Laisser reposer pendant environ 3 minutes jusqu'à ce que la température du caramel soit descendue à 155 °F (65 °C). Tremper la partie inférieure de quatre des œufs vidés dans le caramel et les coller au centre de chaque assiette. Tremper les quatre calottes d'œuf dans le caramel, sur le côté cette fois, et les coller sur la partie supérieure de celles déjà fixées dans les assiettes. Utiliser le caramel restant pour faire du sucre filé. Tremper une fourchette dans le caramel et faire des mouvements saccadés au-dessus d'une tôle à pâtisserie recouverte de papier parchemin.

POUR L'HARMONIE

Pour la mousse au chocolat

Concasser le chocolat avec un couteau. Faire chauffer la crème dans une casserole et amener à ébullition. Blanchir les jaunes avec le sucre en fouettant énergiquement et faire cuire au bain-marie jusqu'à ce qu'en coulant, le mélange fasse comme un ruban. Verser la crème chaude sur le chocolat et bien brasser pour obtenir un mélange homogène. Laisser tiédir et ajouter les jaunes blanchis en pliant. Incorporer délicatement la crème préalablement montée avec l'aide d'une maryse (spatule en caoutchouc souple). Réserver.

Pour le fondant à l'érable

Monter la crème à demi et incorporer délicatement, en filet, le sirop d'érable. Ajouter la crème alcoolisée à l'érable (Maple) et continuer à monter la crème jusqu'à ce qu'elle soit ferme.

Pour la sauce au chocolat

Faire chauffer la crème et verser sur le chocolat ; brasser pour rendre le mélange homogène. Garder à la température de la pièce jusqu'au moment de servir.

Montage et présentation

Remplir un sac à pâtisserie muni d'une petite douille de mousse au chocolat et un autre de fondant à l'érable. Remplir la moitié d'une coquille inférieure avec la mousse au chocolat et l'autre avec le fondant à l'érable. Faire le contraire dans les coquilles supérieures. Accompagner de sucre filé et décorer d'un trait de sauce au chocolat.

SAVIEZ-VOUS QUE...

Dans un œuf de 60 g, la coquille pèse 7 g, le blanc 35 g et le jaune 18 g. L'œuf contient du fer, du souffre, de la vitamine A, B, D et E. C'est un aliment parfaitement équilibré, nourrissant et relativement peu énergétique car pauvre en sucre. Il contient tous les acides aminés nécessaires à l'homme. Il est aussi très nourrissant et facile à digérer quand il est cuisiné sans gras.

Un œuf à coquille brune n'est ni meilleur, ni plus naturel qu'un œuf blanc. La couleur du jaune n'a aucun rapport avec la fraîcheur de l'œuf, les petites taches de sang sont sans incidence sur la qualité de l'œuf. Il semble que ce soit simplement un début de fécondation.

JAPON
des délices

Friand de nouvelles saveurs, je suis toujours excité d'en utiliser dans ma cuisine. Tout est prétexte pour découvrir une herbe, une épice, un nouveau poisson. Cela me procure l'énergie dont j'ai besoin pour créer des mariages goûteux susceptibles de vous faire saliver.

Voyager dans le monde m'a permis d'en apprendre beaucoup sur le style de vie des différents peuple, et sur la façon dont ils se nourrissent. «Dites-moi ce que vous mangez, je vous dirai qui vous êtes», est un principe qui se vérifie assez bien.

Visiter les marchés internationaux à la recherche de produits originaux m'a ouvert les portes de plusieurs cultures. Innombrables sont les idées qu'on peut puiser dans le savoir-faire des différentes cultures.

Le Japon est le pays dont la nourriture m'a le plus marqué, tant pour le goût que pour l'esthétique et la texture des aliments.

La richesse du terroir, les traditions ancestrales, le souci de la perfection donnent à la cuisine japonaise une personnalité qui lui est propre. Une des cuisines les plus enrichissantes que j'ai eu la chance de découvrir, surtout lors de la visite de ce qu'on peut qualifier de plus grand marché de poissons au monde.

À 6 h, nous sommes en route pour nous rendre au fameux marché Tsukiji situé en banlieue de Tokyo. Je suis en compagnie de deux grands chefs : mon meilleur ami Normand Laprise et Norio Negishi, chef exécutif de l'hôtel Okura, qui nous a invités. Tsukiji est plus qu'un marché, c'est une ville de 56 hectares où 60 000 personnes s'affairent dès 4 heures du matin et où s'y transigent plusieurs milliers de tonnes de poissons et crustacés. On se croirait en plein centre-ville de Manhattan tellement la circulation est intense. Il faut rapidement entrer à l'intérieur des stands si l'on ne veut pas se faire happer par les camions Mitsubishi. Ces petits véhicules blancs, très étroits, sont dotés d'un monte-change à l'avant et remplis de caisses de poissons. On ne voit que le bout du nez du conducteur qui klaxonne sans arrêt pour obliger les piétons à libérer la route.

À notre demande, la visite commence par les vendeurs de thon. Les belles pièces entières nous font littéralement capoter. Un poissonnier est justement en train de lever les filets d'un gigantesque *Big eyes*. Ils sont d'un rouge écarlate. On demande à goûter pour tester la qualité. Je n'en reviens pas : aucune odeur, une saveur pure, une texture délicate. On voit presque à travers la mince tranche découpée pour nous.

Nous passons ensuite devant un comptoir où un homme s'apprête à lever les filets d'une espèce de grosse dorade rose encore vivante. Il plante un poinçon en fer entre les ouïes du poisson, puis l'enfonce d'un coup sec dans une planche de bois pour empêcher le poisson de glisser entre ses mains. Tandis que le poisson gigote encore, il découpe habilement les filets qu'il met ensuite dans un sac de plastique. L'acheteur heureux continue sa promenade parmi les étals de pétoncles géants, d'hamachis et d'abalones.

Nous nous arrêtons devant de gros barils d'eau salée contenant les fameux fugus, une espèce de poisson dont le foie contient une toxine pouvant empoisonner un humain et même le tuer.

Découper les filets de ce poisson exige une grande dextérité, car il faut éviter de perforer le foie. Pour avoir le droit d'exécuter cette délicate opération, il faut d'abord obtenir une licence. Cinq années avec un maître permettent d'acquérir une expérience suffisante pour se lancer seul.

...LA RICHESSE DU TERROIR, LES TRADITIONS ANCESTRALES, LE SOUCI DE LA PERFECTION DONNENT À LA CUISINE JAPONAISE UNE PERSONNALITÉ QUI LUI EST PROPRE...

J'ai des frissons juste à voir les joues du poisson se gonfler comme un ballon. Sa nageoire dorsale, aux extrémités pointues semblables à des aiguilles, se dresse promptement en signe de protestation, au moment où le poissonnier le sort de son bassin pour le déposer dans un sac rempli d'eau. Il le remet aussitôt à son acheteur afin qu'il puisse le conserver vivant jusqu'au moment de le présenter à l'éventuel gastronome qui n'aura alors aucun doute sur sa fraîcheur.

Avant d'avaler nos premières bouchées de fugu, quelques jours plus tard, sous les yeux rieurs du chef Negishi, nous avons pris notre courage à deux mains. Ce fut toute une expérience que de déguster cette chair immaculée qui, malgré son goût très fin, ne mérite pas qu'on risque sa vie pour elle. Mais les Japonais aiment ces rituels qui mettent à l'épreuve leur courage.

Au marché, les lottes et les ailes de raie attirent notre attention. Nous sommes bouche bée devant tant de fraîcheur. La faim nous tenaille. Il est temps de prendre notre petit-déjeuner. Le chef nous propose de manger dans un petit restaurant fréquenté par les poissonniers et les habitués du marché. Nous sommes à nouveau éblouis par la qualité des sashimis de toro (partie la plus grasse du ventre du thon), d'akagai (palourde japonaise) et de kampachi, tous servis promptement, accompagnés d'algues variées et de petits alevins vivants qui bougent encore dans nos assiettes. Essayer de les attraper avec nos baguettes, même avec les meilleures intentions du monde, est presque impossible pour des Québécois maîtres de la fourchette !

DANS MA CUISINE

J'utilise régulièrement des ingrédients japonais pour pimenter certains plats d'exotisme. Un peu de sauce soja bio, de jus de yuzu, (agrume japonais), de mirin (vin de riz sucré), de miso (pâte de soja fermenté) ou de wasabi (racines de raifort japonais) peut relever un plat et le faire exploser de saveurs.

Bien sûr, il y a les incontournables sushis, un de mes plats favoris. Les traditionnels makis, rouleaux californiens au crabe et à l'avocat, les témakis à l'anguille fumée, les makis kamikaze au thon épicé et les sashimis de poissons frais sont ceux que je réalise le plus souvent à la maison.

Au restaurant, je sers le *soft shell crab*, petit crabe à chair molle qu'on peut manger en entier après quelques étapes préliminaires et ma « pizza sushi » dont mes clients raffolent et qui permet d'utiliser les restes de riz à sushi de la veille. On doit conserver ce riz à la température de la pièce dans un contenant étanche pas plus de 24 h. Cette galette de riz aplatie est trempée dans la pâte tempura avant d'être frite. Elle est ensuite aromatisée avec une mayonnaise au wasabi avant d'être recouverte de saumon fumé tranché mince, d'un mélange de julienne de légumes acidulés et saupoudrée au dernier instant de tobiko (œufs de poissons volants aromatisés), de petit dés de tofu et de daïkon mariné.

Parmi les plats que j'ai goûtés à Tokyo, Osaka et Kyoto, on compte : les soupes-repas, le *kusukiri* (une préparation de nouilles baignant dans un sirop fabriqué à partir d'un sucre ressemblant à la cassonade et servies avec le thé vert) ; les *tépéniaki*, bœuf de Kobe, langouste, *kampachi* préparé à la dernière minute et poêlé sur une plaque de cuisson ; les *okonomi-yaki*, restauration rapide japonaise qui consiste à insérer des nouilles de blé à l'intérieur de deux petites crêpes confectionnées à partir de choux, de lard et de crevettes séchées qu'on déguste comme des hamburgers avec une sorte de ketchup aromatisé au soja.

PIZZA
sushi

Pour 4 personnes

SAVIEZ-VOUS QUE...

Chaque jour, au marché de Tsukiji, on transige 2 300 tonnes de 450 espèces de poissons et de crustacés sont vendues, soit sept fois plus qu'au marché de Rungis en France, près de Paris, et 11 fois plus qu'au marché de poissons de New York! Aménagé dans un lieu dévasté par le tremblement de terre de Kanto en 1923, ce marché s'étend sur 56 hectares. Il est réputé pour sa vente aux enchères de thon dont les Japonais sont de gros consommateurs. Les thons en provenance du monde entier sont méticuleusement alignés dans une salle de vente dès 4 h. Les acheteurs peuvent prélever un petit morceau de chair dans la partie près de la queue, pour faire leur mise. On paie ces thons entre 4 300 $ et 8 000 $ américains l'unité; ils pèsent entre 50 et 200 kilos. Plus le thon est gras, plus le prix est élevé.

Les Japonais ont un talent particulier pour disposer et garnir les plats, s'appliquant à faire ressortir le contraste des couleurs, des formes et des textures.

La façon artistique dont les aliments sont présentés dans de belles assiettes ou bols en céramique, rend les plats agréables à regarder. À chaque aliment correspond un type de vaisselle souvent fabriquée à la main. Chaque ingrédient est préparé individuellement afin d'en préserver leur goût et leurs parfums originaux.

INGRÉDIENTS

Galette de riz en tempura

250 ml (1 tasse) de riz à sushi (Botan)

375 ml (1 1/4 tasse) d'eau

15 ml (1 c. à soupe) de vinaigre de riz assaisonné (Marukan)

Pâte à tempura

250 ml (1 tasse) de farine de riz

1 jaune d'œuf

250 ml (1 tasse) d'eau

15 ml (1 c. à soupe) de gingembre haché

30 ml (2 c. à soupe) de ciboulette chinoise ciselée

1/2 gousse d'ail hachée

Mayonnaise à la wasabi

2 jaunes d'œufs

5 ml (1 c. à thé) de poudre de wasabi

15 ml (1 c. à soupe) de vinaigre de riz assaisonné (Marukan)

45 ml (3 c. à soupe) d'huile de sésame

60 ml (1/4 tasse) d'huile végétale

15 ml (1 c. à soupe) de soya

15 ml (1 c. à soupe) de graines de sésame

Pizza

60 ml (1/4 tasse) de concombre en bâtonnets de 2 cm (5/8 po)

60 ml (1/4 tasse) de julienne de carottes

60 ml (1/4 tasse) de julienne de daïkon

15 ml (1 c. à soupe) de vinaigre de riz

15 ml (1 c. à soupe) d'huile de sésame grillé

20 ml (4 c. à thé) de mayonnaise à la wasabi

3 belles tranches de saumon fumé

60 ml (1/4 tasse) de crabe émietté

30 ml (2 c. à soupe) d'œufs de poisson volant

80 ml (1/3 tasse) de tofu Kikkoman en macédoine

TECHNIQUE

Pour la galette de riz

Rincer le riz deux ou trois fois sous l'eau froide et l'égoutter dans une passoire. Mettre le riz à cuire dans une casserole avec l'eau, amener à ébullition. Cuire 5 minutes. Placer le couvercle sur la casserole et cuire à feu doux 5 minutes. Laisser reposer hors du feu en gardant le couvercle encore 10 à 15 minutes. Verser le riz sur une tôle à pâtisserie et l'humecter avec le vinaigre de riz assaisonné et le laisser refroidir (voir page 19). Entre deux pellicules de plastique, former des galettes de 10 cm (3 3/8 po) de circonférence par 1 cm (3/8 po) d'épaisseur. On peut utiliser un emporte-pièce en inox) en pressant très fortement pour qu'elles se tiennent bien.

Note : Le cuiseur à riz reste l'outil indispensable pour réussir la cuisson du riz à la perfection. On peut acheter ces autocuiseurs à moins de 50 $ dans les épiceries asiatiques.

Pour la pâte à tempura

Verser la farine dans un cul-de-poule, y faire une fontaine au centre. Ajouter le jaune d'œuf et l'eau au milieu, mélanger délicatement avec un fouet en rabattant la farine vers le centre. Ajouter le gingembre, la ciboulette chinoise et l'ail dans la pâte.

Pour la mayonnaise

Mélanger les jaunes d'œuf avec la poudre de wasabi et ajouter le vinaigre de riz. Incorporer peu à peu les huiles et le soya en battant au fouet. Incorporer les graines de sésame.

Cuisson et finition de la pizza

Préparer les ingrédients de la pizza. Mélanger la julienne de légumes avec le vinaigre de riz et l'huile de sésame. Assaisonner. Tremper les galettes dans la pâte tempura et frire rapidement dans l'huile d'arachide à 350 °F (180 °C). Une fois les galettes dorées, les éponger sur un papier absorbant et les déposer dans les assiettes. Tartiner légèrement avec la mayonnaise au wasabi et mettre ensuite une tranche de saumon fumé sur chaque galette croustillante. Sur le dessus, ajouter un buisson de julienne de légumes et 30 ml (2 c. à soupe) de crabe émietté par pizza. Pour terminer, parsemer d'œufs de poisson volant et de petits cubes de tofu. On peut décorer d'un filet de mayonnaise à la wasabi et d'un tipi fait de branches de citronnelle.

SAVIEZ-VOUS QUE...

Les Japonais ont un grand respect pour la nourriture. Ils sont prêts à payer le prix qu'il faut pour savourer les premières fraises, les premiers matsutaké (champignons) ou les premiers melons qui se vendent jusqu'à 50 $ l'unité, souvent emballés dans des boîtes spéciales. Je me souviens avoir acheté une douzaine de fraises de la grosseur d'un œuf, présentées dans un contenant semblable à celui de nos œufs. La cuisine japonaise est sans nul doute l'une des meilleures au monde. On ne ménage ni le temps ni les efforts pour préparer ces délices de gourmet.

LE VIN

Côtes de Provence
Pétale de rose, Régina Sumeire
Provence, France

Terrasse, soleil, convivialité, pizza et vin rosé... La phase visuelle présente d'attirants reflets saumonés. Son acidité non abusée et toute sa prolifique fraîcheur seront de connivence avec le radis daïkon et les subtiles notes épicées du wasabi de cette pizza bien nantie.

LES PETITS PLATS
dans les grands

Y a-t-il plus grand plaisir dans la vie que celui de manger? Les *foodies*, dont on entend tant parler ces jours-ci, l'ont compris. Ces fous de la casserole sont prêts à tout pour cuisiner de bons petits plats. Pour y arriver, ils regardent des émissions de cuisine, visitent fréquemment les librairies et achètent les derniers livres des grands chefs.

Les *foodies* voyagent et font du tourisme gastronomique. Ils consultent religieusement les guides de restaurants et lisent systématiquement les critiques dans les journaux.

Parfois compulsifs dans leurs achats, ils envahissent les marchés pour trouver les légumes rares dont on a parlé à la radio ou encore, ils parcourent les épiceries fines à la recherche du dernier condiment à la mode. Leur passe-temps préféré: magasiner dans les boutiques d'articles de cuisine pour dénicher un gadget qui pourrait leur faciliter la tâche.

Et finalement, ils adorent acheter de la vaisselle, dans laquelle ils pourront servir leurs plats préférés. Car la présentation d'un plat, on le sait, est d'une importance capitale. Je fouine moi-même beaucoup dans les magasins, à la recherche de différents modèles d'assiettes, et je constate que nous en importons des quatre coins du monde. Les endroits les plus avant-gardistes en ce moment sont la Chine, l'Angleterre, l'Allemagne, le Portugal, le Japon et la France.

Des compagnies comme Dudson, Syracuse, Rosenthal et Mikasa produisent de nouveaux modèles chaque année et suffisent à peine à la demande.

Puisque nous cuisinons à la maison et dans les restaurants des plats nombreux et diversifiés, nous avons besoin de plus en plus d'assiettes pour les servir. La mode est aux différentes formes et textures. Les couleurs vives s'estompent doucement – heureusement – et on revient au blanc.

On ajoute aussi de plus en plus d'accessoires pour enrichir la table, ce qui n'est pas un problème, tant qu'on trouve un certain équilibre!

Eh oui! Nous surconsommons aussi en matière de vaisselle. Une assiette pour ceci, une assiette pour cela. Et nous importons en grande partie une vaisselle qui pourrait être produite au Québec.

Mes (trop) nombreux achats des dernières années m'ont amené à une certaine saturation. Trop de formes, trop de couleurs et trop de textures. Les assiettes doivent mettre le contenu en valeur, non lui voler la vedette.

ARTISANS

C'est ainsi que j'ai décidé de trouver des artisans d'ici pour fabriquer ma vaisselle afin qu'elle corresponde à mes exigences et à mon environnement. Je suis parti à leur rencontre.

Vouloir ma propre vaisselle, aux lignes pures, de couleur délicate et naturelle, pouvait sembler un peu farfelu. Mais j'ai trouvé de jeunes artisans qui m'ont vite convaincu qu'ils étaient capables de réaliser mon rêve.

Quelle belle aventure! J'ai participé à la conception et suivi presque toutes les étapes.

J'ai vu que la terre, le verre et le bois sont des matières organiques qui peuvent se rétracter ou prendre de l'expansion selon le traitement qu'on leur donne.

...LES ASSIETTES DOIVENT METTRE LE CONTENU EN VALEUR, NON LUI VOLER LA VEDETTE...

C'est avec Pascale Girardin, céramiste d'art d'expérience, et mon associée Suzanne Gagnon que cette histoire a commencé.

Dès le début de nos rencontres, Pascale a eu une vision d'ensemble du projet. En collaboration avec verrier et ébéniste, nous avons trouvé la ligne directrice qui intégrerait parfaitement ma future vaisselle dans son environnement.

Cette équipe d'artisans était composée d'une artiste verrière de Prévost, Caroline Beale, qui a réalisé six modèles d'assiettes en verre. Elle a conçu aussi des sous-verres et des bijoux de table pour verres à vin. Sa technique, appelée « fusion », consiste à superposer des couches de verre de couleur et à les cuire à différentes températures afin de les unir dans une même assiette.

Kathleen Proulx, jeune artiste céramiste de Québec, a fabriqué, en collaboration avec la Maison des métiers d'art de Québec et un spécialiste mouleur de la Beauce, les tasses, les soucoupes, les bols à soupe et cinq modèles d'assiettes. Une première expérience enrichissante pour cette céramiste qui n'a pas froid aux yeux et possède maintenant une expertise rare dans le domaine. Résultat : plus de 1 000 pièces de vaisselle !

Tous ont travaillé très fort, respecté leurs délais et fait en sorte que cette expérience soit un exemple stimulant pour l'avenir de l'industrie de la vaisselle au Québec. Je crois qu'il existe un marché intéressant dans ce domaine. Notre province possède un nombre impressionnant de restaurants. La gastronomie et le plaisir de bien manger font désormais partie intégrante de notre culture.

Beaucoup d'artistes céramistes produisent déjà de la magnifique vaisselle et objets de table. À vous de les encourager.

Actuellement, beaucoup d'entre eux sont obligés d'aller à l'extérieur pour obtenir cette reconnaissance, un processus très coûteux qui étouffe les talents de chez nous. Parlez-en à Pascale Girardin. Artiste engagée, elle travaille comme céramiste depuis 10 ans et croit infiniment à la relève et à l'avenir de son métier.

Elle s'est bâti, au cours des années, une excellente réputation dans le milieu de la restauration. Ses assiettes d'inspiration japonaise se retrouvent chez Nobu à New York et depuis dernièrement au restaurant Jun I à Montréal.

Pascale Girardin produit aussi des œuvres architecturales. Ses plus belles réalisations se trouvent dans des restaurant prestigieux tels que Toqué !, Les Chèvres, China Grill de Chicago.

L'hôtel St. Regis de San Francisco et la Caisse d'économie solidaire Desjardins à Québec ont aussi acquis des œuvres de l'artiste.

Celle-ci aime que l'art ait une fonction et une utilité. En plus des divers accessoires de table, Pascale a conçu des luminaires de porcelaine suspendus au-dessus du bar central de mon restaurant, en forme d'énormes glaçons traversés par des faisceaux lumineux.

DANS MA CUISINE

Cette collaboration avec les artisans québécois et les créations de Pascale Girardin m'ont inspiré dans ma cuisine.

Quelques-unes des pièces ont donné lieu à de nouvelles recettes. D'abord, un petit bol nommé «origami», de forme rectangulaire avec les bouts repliés, sert à recevoir ma brochette de couteaux de mer et d'armillaires couleur de miel, une sorte de champignons. Au fond du bol, on dépose une mousseuse aux herbes salées du Bas-du-Fleuve et une coquille vide de couteaux est remplie d'algues en vinaigrette et repose sur le pourtour du bol.

Un autre plat nommé «coquille» m'a aussi inspiré. C'est une tranche de céramique coupée avec un fil de fer. Sa texture rappelle celle d'un coquillage. Un espace plus profond au milieu permet de recevoir du sel de mer dans lequel on dépose une coquille de pétoncle garnie d'un ceviche du même mollusque parfumé à la liqueur de fraises des bois, du vinaigre de rose et du jus de fraise. Un peu d'échalote française et quelques gouttes d'huile de boutons d'hémérocalles complètent cette douceur océanique.

Un des modèles, qui était destiné à recevoir des crèmes brûlées, sert maintenant à présenter ma dernière folie : une expérience de vinanneau aux agrumes. Pascale la nomme la «palette». C'est une sorte de plateforme sur laquelle sont soudés trois cubes de céramique.

Dans le premier, je dépose un tartare de ce poisson, parfumé avec de la lime et du coulis de mangoustan (mon nouveau fruit préféré) et un peu de ciboulette. Le second est garni d'une julienne de papaye verte sur laquelle on étend des tranches épaisses de sashimi de vivanneau, mariné et aromatisé avec une vinaigrette aux jus d'ananas et de yuzu.

Dans le troisième cube, je sers un ceviche enroulé de petites pousses d'herbes qui baignent dans un jus de clémentine au gingembre sauvage.

Le tout est déposé alors sur un plateau en érable et cerisier pour la présentation.

L'ATELIER
et ses secrets

1. Vérifier les ouïes de votre poisson (il faut qu'elles soient bien rouges) et la fermeté de la chair pour s'assurer de sa fraîcheur.

2. Une bonne pince est nécessaire pour retirer les arêtes.

3. Un écailleur à poisson ou le revers d'un couteau peut suffire pour écailler le poisson. On peut aussi demander à son poissonnier de le faire.

4. Un bon couteau à fileter ou un couteau à sashimi pour lever les filets et les détailler en petites tranches est un atout.

5. Le poisson doit être au froid durant toutes les étapes, de la poissonnerie jusqu'au moment du service.

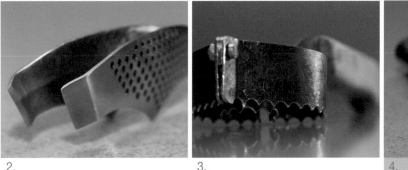

2.   3.

4.

OÙ TROUVER LES ARTISTES

Les meilleures réalisations des artisans du Québec sont présentées dans le cadre de trois événement majeurs : le Salon Plein-Art, en août, à Québec et le Salon des métiers d'art, en décembre, à la Place Bonaventure. Aussi l'exposition Mille et un pots à Val David est présentée chaque été pendant 1 mois. Pour admirer les œuvres architecturales de Pascale Girardin, vous pouvez vous rendre au Salon international de design intérieur de Montréal.

Pour joindre les artisans dont il est question ici :

www.pascalegirardin.com
www.carolinebeale.com
www.mmaq.com (Kathleen Proulx)
www.galeriedesmetiersdart.com

Pour vous montrer un exemple de collaboration entre artiste céramiste et artiste cuisinier, j'ai cuisiné ce plat de poisson cru. Pascale a travaillé à partir de la recette pour créer le modèle parfait afin de recevoir l'expérience de vivanneau. Nous avons nommé cette pièce la « palette ». Dans la collection, on retrouve aussi la « coquille » pour la recette de pétoncle, la « gouttière » pour le tataki de bœuf Angus et le bol « origami » pour les pâtes et risotto.

OÙ FAIRE SON MARCHÉ

Pour le vivanneau et le jus de yuzu : poissonnerie La Mer à Montréal ou poissonnerie Mer Québec, à Québec.

Pour les mangoustans et les papayes vertes : le quartier chinois à Montréal et l'épicerie Lao Indochine, à Québec. Aussi, chez Louis, au marché Jean-Talon à Montréal et l'épicerie Corneau et Cantin, à Québec.

EXPÉRIENCE DE VIVANNEAU
aux agrumes et fruits exotiques

Pour 4 personnes

INGRÉDIENTS

Poisson

1 vivanneau américain de 1 kg (2 lb)

Marinade aux mangoustans pour tartare

3 mangoustans

15 ml (1 c. à soupe) de jus de lime

45 ml (3 c. à soupe) d'huile de pépins de raisin

15 ml (1 c. à soupe) de ciboulette hachée

Sel de mer et poivre du moulin au goût

Jus de clémentine à l'ail pour le ceviche

1/4 de tasse (60 ml) de jus de clémentine

15 ml (1 c. à soupe) de jus de citron

1/2 gousse d'ail hachée

1 endive jaune

1 endive rouge

1 paquet de pousses de radis

Quelques pousses de soja

Sel et poivre, au goût

Vinaigrette aux jus d'ananas et de yuzu pour sashimi

250 ml (1 tasse) de papaye verte en julienne

45 ml (3 c. à soupe) de jus d'ananas

15 ml (1 c. à soupe) de vinaigre de riz assaisonné

15 ml (1 c. à soupe) d'échalote française hachée finement

8 ml (1/2 c. à soupe) de gingembre haché finement

15 ml (1 c. à soupe) de jus de yuzu

45 ml (3 c. à soupe) d'huile de pépins de raisin

Fleur de sel, poivre, au goût

LE VIN

Alsace Grand Cru Steinert
Pinot gris
Alsace, France

Vous en verrez de toutes les couleurs avec cette émoustillante recette qui requiert un vin blanc vigoureux et énergétique. Les notes tropicales sont au rendez-vous, les abricots séchés, le pain d'épice et le miel de trèfle nous confirment une très belle maturité du fruit à la vendange.

TECHNIQUE

Pour le poisson

Gratter le poisson à l'aide d'un écailleur et le rincer sous l'eau froide. Tailler le poisson pour en faire des filets (lever les filets). Enlever les arêtes soigneusement à l'aide d'une pince spéciale, puis retirer la peau en faisant glisser votre lame entre celle-ci et la chair blanche du poisson. (Un bon poissonnier fera aussi tout ce travail si vous lui demandez.) On peut faire sécher la peau au four pour en faire des croustilles. Couper les deux filets en trois parties égales ce qui vous donnera, en double, des morceaux qu'on appellera la queue, le ventre et le dos.

Pour le tartare

Couper les deux morceaux de queue en petits cubes et les déposer dans un bol que vous placerez sur un autre récipient de glace pilée. Réserver. Ouvrir les mangoustans et les passer légèrement au mélangeur pour obtenir un coulis, puis les passer au tamis pour éliminer les brisures de noyau. Ajouter à ce coulis le jus de lime et incorporer doucement l'huile de pépins de raisin. Ajouter la ciboulette hachée et assaisonner avec le sel et le poivre.

Pour le ceviche

Tailler en fines tranches (escaloper) les deux morceaux du ventre. Faire six tranches par morceau. Réserver sur une assiette au froid. Presser le jus de clémentine, ajouter le jus de citron et l'ail haché, puis assaisonner. Faire de petits bouquets avec les feuilles d'endives jaunes et rouges coupées en julienne, des pousses de radis et des pousses de soja. Assaisonner. Réserver.

Pour le sashimi

Couper trois tranches assez épaisses dans les deux morceaux du dos avec un couteau à sashimi. Réserver au froid. Éplucher la papaye verte et la couper en julienne fine sur la mandoline chinoise.

Faire réduire le jus d'ananas et le mélanger avec l'échalote française, le gingembre haché, le jus de yuzu et l'huile de pépins de raisin. Assaisonner et réserver.

MONTAGE

Pour le tartare

Mélanger la chair hachée en petits cubes et la mélanger avec une partie de la marinade. Assaisonner et déposer dans la première section de la palette.

Pour le ceviche

Faire tremper les tranches fines de vivanneau dans le jus de clémentine. Faire de petits bouquets avec les pousses et enrouler avec trois tranches de poisson. Verser un peu de jus dans la deuxième section de la palette et déposer les rouleaux de poisson au milieu.

Pour le sashimi

Mélanger la julienne de papaye verte avec la marinade à l'ananas et déposer dans la troisième section de la palette. Déposer sur la salade deux tranches de dos du vivanneau (plus épaisses), assaisonner avec de la fleur de sel et du poivre et verser un peu de marinade dessus avant de servir !

Bon appétit !

Note : Si vous ne possédez pas de palette, vous pouvez déposer chaque préparation dans un petit bol de verre ou de porcelaine.

MA MÈRE
grande gourmande

Contrairement à ce qu'on pourrait imaginer, je n'ai pas grandi dans un milieu de gastronomes. Comme je m'amuse souvent à le dire, je suis né dans le pâté chinois et j'en suis fier !

Les recettes de ma mère étaient bien exécutées et même si son répertoire était assez restreint, elle réussissait à me faire saliver et à me combler de bonheur.

Le poulet était un peu trop cuit, mais ça ne l'empêchait pas de faire les meilleurs *hot chicken* du monde ! Elle les garnissait avec des tranches de tomates et des petits pois en conserve. Ses clubs sandwichs n'étaient pas trop mal non plus, car j'en mangeais deux ou trois avec une bonne ration de frites maison. Son petit steak en tranche, légèrement saisi, était déglacé avec le jus récupéré à partir d'une poche de thé infusée la veille. Je ne crois pas en avoir goûté de meilleur à ce jour.

Ma mère a toujours été sensible au fait que manger était mon plus grand plaisir. Me voir engloutir son fameux *stew* à la viande hachée et tomates en un rien de temps la rend toujours aussi fière d'avoir mis au monde ce grand gourmand.

Couturière de métier, plutôt que de m'apprendre à cuisiner, elle m'a enseigné comment repriser mes chaussettes, recoudre mes boutons et « raccommoder », comme elle dit si bien, un trou dans la fourche de mon pantalon.

À 5 ou 6 ans, enfiler une aiguille était pour moi, c'est le cas de le dire, un jeu d'enfant. Je me plaisais beaucoup à la regarder du coin de l'œil ajuster les vêtements des jolies dames qui venaient à la maison, pendant que je brassais sa sauce à spaghetti pour ne pas qu'elle colle au fond du chaudron.

Pour être honnête, il faut dire que même si nous étions les enfants les mieux habillés du quartier, le temps qu'elle consacrait à la cuisine était loin de satisfaire un garçon pointilleux, pour qui le goût avait une grande importance. Sans oublier que mon appétit prenait, en grandissant, des proportions alarmantes.

Pour cette raison et à la suggestion de ma mère, je décidai rapidement d'aller suivre un cours de cuisine. Heureux hasard, il existait une école de cuisine dans mon patelin de Charlesbourg, connue aujourd'hui sous le nom de Fierbourg.

Ces cours ont été une révélation. Pour ne pas dire un soulagement... En plus de découvrir une façon de développer ma personnalité, j'avais trouvé un bon moyen de me sustenter entre les repas à la maison.

En cette période de la fête des Mères, j'en profite pour remercier la mienne d'avoir su être à l'écoute de mes besoins et d'avoir vu, depuis mon tout jeune âge, le cuisinier en moi ! Je t'aime maman !

...MA MÈRE A TOUJOURS ÉTÉ SENSIBLE AU FAIT QUE MANGER ÉTAIT MON PLUS GRAND PLAISIR...

CUISINER POUR ELLE

Aujourd'hui, c'est à mon tour de lui préparer ses petits plats favoris, elle qui adore tant manger !

L'émincé de veau à la crème et aux champignons est, sans conteste, le plat qui la rend la plus joyeuse. Parfois, je le dépose sur un lit de fettucini aromatisé au beurre et fines herbes, mais c'est assurément ma purée de pommes de terre qu'elle préfère avec cette sauce onctueuse.

Après une journée passée au bord du lac où j'habite, elle aime bien quand je lui sers sa soupe de poisson préférée, composée de truite, de pétoncles et de homard, lesquels s'harmonisent à merveille avec un peu de tomates et des pistils de safran. Une julienne de poireaux, de carottes et de céleri baignent dans ce bouillon riche et parfumé qu'elle déguste allègrement tout en y trempant son pain tartiné de beurre frais.

Un petit filet de sole frais roulé et étuvé dans un peu de vin blanc, des échalotes françaises hachées et une brunoise de tomates la font saliver. Un peu gâtée peut-être ?

La tourtière que je cuisine avec des lièvres et des perdrix, que Raphaël et son oncle Bernard chassent pendant l'automne, réjouit également ses papilles.

Ma mère raffole du homard, surtout celui que je cuis légèrement dans l'eau salée et que je décortique complètement avant de le faire frémir doucement dans un beurre parfumé au citron vert et au gingembre. Quelques asperges blanches cuites à point, tendres et juteuses, complètent à merveille ce repas de fête. Ces deux produits arrivent sur le marché en même temps au début du printemps, à la mi-mai. La fête des Mères, c'est aussi les premières têtes de violon...

Au fond, comme vous pouvez le constater, ma mère est finalement la plus grande gourmande de la famille. En voyant ses beaux yeux en amande passer du gris bleu au bleu cobalt lorsqu'elle déguste mes petits plats, je sais que j'ai atteint mon objectif : lui faire plaisir. Et c'est dans son regard que je puise l'énergie qu'il faut pour garder l'inspiration.

HOMARD DE LA CÔTE-NORD

(île d'Anticosti), beurre au citron vert et gingembre,
asperges blanches et têtes de violon

Pour 4 personnes

SAVIEZ-VOUS QUE...

Le homard, roi des crustacés, se pêche dans l'océan à une profondeur qui se situe entre 10 et 50 mètres.

Il se déplace surtout la nuit en marchant sur les fonds rocheux ; il peut aussi nager mais à reculons grâce à sa nageoire caudale très puissante en forme d'éventail.

La femelle se différencie du mâle par ses deux petites nageoires fines situées à l'endroit où l'abdomen et le thorax se rejoignent. Ces nageoires sont palmées et servent à retenir les œufs.

Je préfère cuisiner les femelles, car j'adore le corail ou les œufs (partie verte foncée, presque noire, qui devient rouge après la cuisson). Quant au far (ou foie), il est d'un vert plus pâle et de texture crémeuse, une partie très appréciée des amateurs.

Le homard change plusieurs fois de carapace pendant sa croissance; il aura déjà mué douze fois à l'âge de 5 ans et pèsera environ 500 g. Il peut atteindre jusqu'à 10 et 12 kilos et vivre plus d'un demi-siècle.

Il y a certaines exceptions, comme celui recensé en 1934 qui pesait 19,2 kilos et devait avoir près de 100 ans. Sa carapace, de la tête à la queue, mesurait 60 centimètres de longueur. On trouve à l'occasion, des homards blancs, jaunes, moitié bleus et moitié bruns, mais ils sont très rares. Chaque année, on en recense un sur des centaines de milliers.

INGRÉDIENTS

Homards

2 homards vivants de 1 kg (2 lb) ou 4 homards de 500 g (1 lb)

30 g (1 oz) de sel de mer

15 ml (1 c. à soupe) de beurre demi-sel

Beurre au citron vert et gingembre

125 g (1/4 lb) de beurre frais (demi-sel)

60 ml (4 c. à soupe) d'eau

15 ml (1 c. à soupe) de gingembre haché

15 ml (1 c. à soupe) de jus de citron vert

Sel et poivre au goût

Garniture

12 à 20 asperges blanches (selon la grosseur)

375 ml (1 1/2 tasse) de têtes de violon

Sel et poivre au goût

LE VIN

Sauvignon blanc
Babich
Marlborough, Nouvelle-Zélande

Nous aurons besoin d'acidité en raison de la présence d'agrumes et de fraîcheur afin de tenir tête au gingembre. Quel aspect visuel invitant! Le nez est ouvert, complexe et aérien. L'attaque en bouche est droite et franche. Ce vin des plus sensuels de l'hémisphère sud est muni d'une acidité tranchante.

TECHNIQUE

Pour les homards

Mettre l'eau à bouillir dans une grande marmite avec une bonne poignée de sel de mer. Plonger les homards dans l'eau bouillante lorsqu'elle reprend son ébullition. Calculer 8 minutes de cuisson pour les petits crustacés mâles de 500 g (1 lb) et 10 minutes pour les femelles à cause du corail à l'intérieur. Pour les homards de plus de 500 g (1 lb) compter 3 minutes de plus. Mettre les homards quelques minutes dans la glace pour les refroidir après la cuisson ; ils ne doivent pas tremper dans l'eau. Retirer de la glace, égoutter. Décortiquer comme suit : défaire les pinces et les coudes du coffre ; détacher la queue du coffre. Vous devriez apercevoir le corail vert foncé si vous avez bien choisi des femelles et que vous ne les avez pas trop fait cuire. Vous pourrez terminer la cuisson dans le beurre chaud. Couper les queues en deux en conservant la chair dans les moitiés de carapace. Détacher les coudes des pinces. Prendre une pince dans vos mains et défaire la petite pince en retirant le cartilage se trouvant à l'intérieur, ensuite déposer celle-ci sur un linge en coton et frapper au centre de la pince sur le côté avec le talon d'un couteau pour briser la carapace, puis ouvrir pour retirer la chair sans la briser. Pour les coudes, il est préférable de les couper en deux avec des ciseaux et de retirer la chair à l'intérieur.

Pour le beurre de citron vert et gingembre

Couper le beurre bien froid en petits cubes. Faire chauffer une casserole vide sur le feu. Une fois très chaude, y jeter la totalité du beurre et de l'eau simultanément, puis retirer la casserole du feu en fouettant énergiquement à l'aide d'un batteur et ajouter le jus de citron vert . Assaisonner. On ne doit en aucun cas refaire bouillir cette sauce. Par contre, on peut la conserver au bain-marie jusqu'au moment de l'utiliser.

Pour la garniture

Tailler la base des asperges blanches et les éplucher. Faire cuire dans l'eau bouillante salée pendant 2 minutes et les passer sous l'eau froide. Égoutter et réserver.

Nettoyer les têtes de violon et tailler la base oxydée. Les faire cuire également à l'eau bouillante salée dans deux chaudrons pendant 5 minutes à chaque fois soit 10 minutes au total. Les passer sous l'eau froide. Égoutter et réserver.

Cuisson

Faire chauffer doucement le beurre frais dans une poêle et déposer les moitiés de queues de homard, côté chair, légèrement assaisonnées avec sel et poivre, afin de terminer la cuisson du corail, s'il y a lieu, et ajouter les pinces et les coudes, poursuivre avec les asperges blanches et les têtes de violon. Il faut réchauffer le tout avec le beurre de citron vert sans porter à ébullition.

Montage et présentation

Déposer dans quatre assiettes bien chaudes les asperges blanches et les têtes de violon. Ajouter une demi-queue, une pince et un coude de homard par convive pour les gros homards (doubler la quantité dans le cas des petits). Verser le reste du beurre autour du homard.

SAVIEZ-VOUS QUE...

Le homard est riche en potassium, en zinc et en niacine. La queue contient plus d'éléments nutritifs que les pinces.

La chair est très maigre. Une portion de 100 g contient seulement 1 g de lipides, 19 g de glucides, 75 g de protéines. C'est plutôt à cause de ces préparations riches à base de beurre, de crème et d'ail qu'il est difficile à digérer. La chair de la femelle est supposément plus tendre que celle du mâle, surtout pendant la période de la ponte.

John, un ami de Havre-Saint-Pierre, sur le Côte-Nord, s'amuse à laisser croire que les plus petits homards ont meilleur goût. Lui qui est incontestablement le plus grand amateur de grosses prises que j'ai jamais rencontré...

C'est d'ailleurs lui qui m'a fait déguster mon plus gros homard, une belle pièce d'environ huit livres. C'est de loin le meilleur que j'ai mangé. Je me rappelle que nous l'avions fait cuire, selon la méthode «épluchette de blé d'Inde», dans un chaudron rempli d'eau de mer sur un brûleur haute performance.

Dans le cas du homard bouilli, je vous conseille de le faire cuire une dizaine de minutes par demi-kilo ou livre pour une femelle et 8 minutes pour un mâle à partir du moment où l'eau se met à bouillir.

Dans les deux cas, je vous suggère de les déguster dès qu'ils sont cuits ou sinon, de les plonger dans de la glace pour arrêter la cuisson. Pour une grosse prise, il faut calculer 10 minutes de cuisson pour le premier demi-kilo (livre), puis 3 minutes par demi-kilo pour chaque demi-kilo additionnel. Concernant les homards de plus de 6 livres (13 lb), il faut parfois cuire les pinces plus longtemps.

Il est important d'acheter des homards bien vigoureux et de les cuire le plus rapidement possible. La chair se liquéfie rapidement après la mort du crustacé, ce qui entraîne une importante perte de poids.

LES CARAÏBES
et les mangues de Julie

L'été est la saison où je fais le plein d'énergie et de produits locaux, d'autant plus que le marché se trouve à quelques pas de mon resto. Quotidiennement, je rencontre les artisans de la terre avec qui j'aime converser. Leur travail est si important pour moi, il est le secret de la réussite d'une cuisine authentique et constante.

Pouvoir choisir moi-même mes fraises chez Mme Gosselin, ma fleur d'ail chez Mme Godbout, mes asperges vertes chez Mme Blouin et mes tomates chez M. Bégin est un grand privilège que m'offrent les producteurs du marché. Sans eux, je ne pourrais réaliser la cuisine de mes rêves, celle qui demande un intérêt quotidien pour les plus belles primeurs de l'été et de l'automne.

J'aimerais partager avec vous un souvenir de voyage, juste pour vous faire rêver et vous donner le goût du soleil et de ses fruits, pour vous amener vers l'été avec l'envie de cuisiner, enfin pour vous faire plaisir.

Rien de mieux que les Caraïbes pour vous mettre l'eau à la bouche, la cuisine que l'on propose dans ces îles est simple, savoureuse et très parfumée. Elle vous transporte dans un état de détente et d'exaltation... Une cuisine envoûtante qui pourrait vous inciter, si vous hésitez, à prendre des vacances cet été ou encore à les prolonger.

«Julie Mango» est probablement le plus beau souvenir de mon voyage à Sainte-Lucie.

Imaginez-vous près d'une cascade de 20 mètres de hauteur en train de déguster les meilleures mangues de votre vie! Spécialement juteuses, elles ont un effet de nectar de fruit en bouche et possèdent un arrière-goût de miel qui enrobe littéralement vos papilles gustatives.

Le mûrissement des mangues au soleil procure à ce fruit délectable un parfum de fleur tropicale. Leur tendreté n'a d'égale que la douce acidité qui les rend suaves et vous mettent l'eau à la bouche en un rien de temps. Pas du tout filandreuses, elles fondent sous la dent comme un nuage sucré.

Je les pèle et je les tranche pour Suzanne, ma blonde, et nos amis d'excursion, Josée et Marc, à l'aide d'un couteau ancien qu'une vieille dame a bien voulu me vendre 20 $ US. Julie est la spécialiste en matière de mangue à Sainte-Lucie. Elle est bien connue dans l'île, et les touristes se précipitent à son stand situé à 500 mètres d'altitude uniquement pour acheter ses mangues... Le paysage est absolument paradisiaque : deux montagnes abruptes en bordure de la mer des Caraïbes, Petit Piton, 738 mètres de hauteur, et Gros Piton, 786 mètres, surnommés ainsi en raison de leurs formes qui rappellent deux énormes seins pointant vers le ciel ensoleillé.

Conseillés par Harrisson, notre chauffeur de taxi, nous nous rendons luncher dans un petit resto baptisé Mango Tree. Sur la jolie terrasse, nous pouvons admirer les manguiers de Julie. Ce petit resto est juché dans la montagne près de la soufrière. Au loin, nous apercevons les fumées d'un volcan qui a fait éruption il y a 26 millions d'années, et les deux Pitons encore d'un peu plus près.

Le restaurant sert les meilleurs acras de morue au monde. Croustillants à souhait, leur goût exquis de morue salée m'ont littéralement bouleversé. Suffisamment pour que je me mette à explorer diverses recettes à mon retour de vacances dans le but ultime de vous les faire découvrir.

...LA CUISINE QUE L'ON PROPOSE DANS CES ÎLES EST SIMPLE, SAVOUREUSE ET TRÈS PARFUMÉE...

Nous avons goûté ensuite une autre spécialité des Caraïbes qu'on appelle « roti », une galette confectionnée à partir d'une pâte maison que l'on fait cuire comme une crêpe dans un poêlon en fonte. Une fois prête, la galette est farcie d'une autre spécialité de l'île appelée « colombo de porc aux cristophines ».

Il s'agit d'un sauté de porc cuit lentement avec un mélange d'épices qu'on nomme poudre de colombo ; ça ressemble étrangement au cari. Le mariage est composé de tuméric, de graines de coriandre, de poudre d'ail, de piments doux, de graines de moutarde, de coriandre et de quatre-épices.

Les légumes exotiques qui composent ce ragoût sont les ocras ou gombos (un légume vert de la taille d'un gros haricot et qui renferme des graines et une substance mucilagineuse). Les cristophines, elles, sont plus connues au Québec sous le nom de chayottes. Elles remplacent la pomme de terre dans la cuisine antillaise. Les rotis sont absolument délicieux et très odorants.

MES DÉCOUVERTES À SAINTE-LUCIE

Les plantations de bananes sont nombreuses dans l'île de Sainte-Lucie. Étant plus lucratives, elles ont remplacé la canne à sucre qu'on importe maintenant des îles avoisinantes. Il existe toujours une distillerie dans l'île où l'on fabrique une quinzaine de rhums parfumés, les meilleurs étant celui aromatisé à la noix coco et le vieux rhum nature Chairmans.

Il y a aussi une boulangerie artisanale où l'on fabrique une galette de pain appelée « cassava ». Elle est faite avec une farine maison extraite à partir de la racine de manioc. Ces galettes sont fabriquées selon un procédé artisanal qui comporte plusieurs étapes. Dans un premier temps, on râpe la racine sur un rabot et on la cuit ensuite dans l'eau. Une fois cuite, on l'égoutte plusieurs heures pour ne recueillir que le dépôt farineux au fond des bassines. Après, on dépose cette farine dans un énorme plat en terre cuite qui repose sur un poêle alimenté au feu de bois.

Un employé brasse constamment la farine à l'aide d'un balai-brosse pour la sécher. Après, la vieille boulangère fabrique une pâte qu'elle aromatise avec des saveurs variées : cerises, mangues séchées, ou encore avec de la poudre de cacao. Elle façonne ses galettes qui sont cuites sur une plaque chauffante en terre cuite. Délicieuses à la sortie du four, elles remplissent bien un estomac qui vient de se faire secouer dans les routes sinueuses de montagne.

Enfin, ma plus belle découverte alimentaire : le ketchup aux... bananes, que l'on fabrique avec de la pulpe de banane, des oignons, de l'ail, du vinaigre, du poivre et des épices secrètes. Un chutney idéal pour déguster les hors-d'œuvre de l'île. Ce nectar aigre-doux coûte entre 2 et 7 $ US pour 250 ml, selon l'endroit où vous êtes ou la gueule que vous avez ! C'est comme ça dans les îles !

ACRAS DE MORUE
retour de Sainte-Lucie

Donne 3 douzaines d'acras

COCKTAIL
banane et rhum coco

Verser dans le bol du mélangeur 1 litre (4 tasses) de lait avec 4 ou 5 bananes (maximum 500 g (1 lb) de bananes). Ajouter ensuite l'équivalent de deux grands verres de glaçons dans le mélangeur et ajouter 250 ml (1 tasse) de rhum coco des îles de marque Malibu que l'on retrouve à la SAQ. Pulser le tout à puissance maximale jusqu'à ce que le mélange soit bien lisse et mousseux. On peut le faire en deux parties si le mélangeur ne peut contenir la quantité totale.

Verser immédiatement dans des verres à martini. Décorer les verres avec des tranches de banane saupoudrées de sucre et caramélisées à l'aide d'un chalumeau.

Ce drink est nourrissant et rafraîchissant. Il me rappelle les îles. À vous de le servir à la fin du repas ou au bord de la piscine l'été prochain pour vos amis. N'hésitez pas à rectifier la texture au besoin en ajoutant un peu plus de glaçons.

LE VIN

Sauvignon blanc

Kim Crawford
Marlborough, Nouvelle-Zélande

La juteuse mangue et la fine texture de la morue rencontreront la fraîcheur ainsi que la grande acidité de ce franc et moderne sauvignon blanc sud insulaire néo-zélandais.

Les jaillissantes notes de pamplemousse sont revitalisantes. Un accord de haute voltige et gageons que votre repas ne se terminera pas en queue de poisson...

INGRÉDIENTS

Première étape

450 g (1 lb) de morue salée

1 oignon moyen

30 ml (2 c. à soupe) d'huile d'olive

1 feuille de laurier

1 branche de thym

De l'eau, suffisamment pour recouvrir la morue

Deuxième étape

300 g (10 oz) de morue cuite effilochée

30 ml (2 c. à soupe) de ciboulette ciselée finement

30 ml (2 c. à soupe) d'échalote verte hachée

30 ml (2 c. à soupe) de persil haché

1 piment oiseau haché très fin (on en trouve dans les épiceries asiatiques. Il mesure 2,5 cm (1 po) de long et possède un goût très prononcé)

Troisième étape

375 ml (1 1/2 tasse) de farine

10 ml (2 c. à thé) de levure chimique

375 ml (1 1/2 tasse) d'eau de cuisson filtrée et froide

Quatrième étape

2 blancs d'œufs

5 ml (1 c. à thé) de jus de citron

Sauce chien

3 branches de ciboulette ciselée

4 échalotes vertes hachées

5 branches de persil haché

1 gousse d'ail hachée finement

1/2 petit piment oiseau

15 ml (1 c. à soupe) de vinaigre blanc

45 ml (3 c. à soupe) de jus de citron

125 ml (1/2 tasse) d'huile végétale

30 ml (2 c. à soupe) d'eau chaude (facultatif)

TECHNIQUE

Première étape

Couper la morue salée en 3 ou 4 morceaux. Faire dessaler le poisson dans l'eau froide en changeant l'eau à plusieurs reprises. Cela peut prendre jusqu'à 12 heures selon le taux de sel. Préparer le court-bouillon en émin-çant l'oignon et faire revenir dans l'huile d'olive. Ajouter la feuille de laurier, la branche de thym et l'eau, porter à ébullition. Déposer les morceaux de morue dans le bouillon et les pocher une dizaine de minutes. Égoutter et refroidir. Réserver le jus de cuisson filtré.

Deuxième étape

Effilocher la morue à l'aide d'une fourchette ou en l'écrasant sous vos doigts de façon à obtenir des filaments. Bien enlever les arêtes. Ajouter aux filaments de morue la ciboulette, l'ail, l'échalote verte, le persil et le petit piment oiseau.

Troisième étape

Mélanger la farine et la levure dans un cul-de-poule. Former un puits au centre de la farine et incorporer doucement l'eau de cuisson. Éviter de trop remuer, ce qui rendrait la pâte élastique. Incorporer la morue effilochée à cette pâte et remuer.

Quatrième étape

Monter les blancs en neige et les incorporer délicatement à l'appareil. Terminer avec le jus de citron et réfrigérer. Assaisonner si nécessaire.

Cuisson des acras

Faire chauffer l'huile de la friteuse à 350 °F (180 °C). Pour faire les acras, il suffit de prendre une quantité raisonnable d'appareil à acras à l'aide d'une cuillère à soupe et d'utiliser une autre cuillère pour faire glisser des petites boules de pâte dans l'huile. Il est possible d'en faire plusieurs à la condition qu'elles ne se touchent pas. Attendre chaque fois que l'huile redevienne chaude. Laisser gon-fler et dorer les petites boules de pâte sur toutes leurs faces. Les égoutter aussitôt sur un papier absorbant.

Pour accompagner les acras, je vous suggère la sauce « chien », comme on l'appelle dans les Antilles à cause de son goût piquant.

Mélanger tous les ingrédients pour faciliter l'émulsion et la maintenir. On peut ajouter 30 ml (2 c. à soupe) d'eau chaude et bien fouetter.

SAVIEZ-VOUS QUE...

La cuisine des Antilles est issue de deux nations indigènes venues des Amériques, les Caraïbes et les Arowaks, lesquelles ont apporté leurs traditions dans leurs bagages. Cuisiner les produits à leur disposition était une nécessité pour survivre. Les yams, les papayes, les bananes plantain, la noix de coco et les poissons frais, ne sont que quelques exemples des trésors qui leur ont permis de se nourrir. Les techniques et les ingrédients qu'ils ont rapportés les ont aidés à créer leur identité culinaire.

Par la suite, la préparation et la présentation des mets ont évolué graduellement en fonction des origines des autres peuples qui, tout au long de l'histoire, ont laissé leurs empreintes dans ces îles. Les Indiens, les Chinois, les Africains, les Espagnols et bien d'autres nations ont collaboré à enrichir cette cuisine qu'on pourrait qualifier de multiethnique.

Beaucoup de conquérants ont également essayé de s'approprier et d'acquérir ces îles paradisiaques : les Anglais, les Espagnols, les Hollandais et les Français, pour ne citer que ceux-là. Ainsi, Sainte-Lucie et Anguilla sont sous la tutelle des Anglais ; Saint-Martin est moitié hollandaise, moitié française ; la Guadeloupe est française alors que Porto Rico est américaine.

Les pirates des Caraïbes, d'anciens marins militaires, ont longtemps « semé le trouble » dans ces eaux turquoises. Ils ont attaqué et pillé les régates de guerre et les bateaux d'immigrants.

Aujourd'hui encore, ces histoires font partie de la culture des habitants. Plusieurs initiatives ont d'ailleurs été mises de l'avant pour faire revivre cette époque aux touristes qui aiment croire que certains trésors y sont toujours cachés.

LE CRABE
« de la tempête des neiges »

Le crabe des neiges est probablement le crustacé le plus délectable au monde. Chaque printemps alors qu'il reste encore un peu de neige au sol, il apparaît pendant une courte période dans nos poissonneries ; profitez-en car le Japon achète près de 95 % de la production des Îles-de-la-Madeleine et de la plupart des sites de pêche au Québec.

Pourquoi ? Parce qu'ils sont de friands consommateurs de crabe et qu'ils ont les moyens de payer le prix pour déguster le meilleur crabe sur le marché.

Je me suis rendu aux Îles-de-la-Madeleine avec ma compagne Suzanne au printemps dernier pour quelques jours de repos en plein dans la semaine d'ouverture de la saison de pêche au crabe et de la pêche au homard. J'en ai profité pour en apprendre un peu plus sur le crabe, histoire d'allier l'utile à l'agréable.

Ce voyage gourmand a commencé avec beaucoup de turbulence car une tempête de neige s'apprêtait à nous tomber dessus après quelques jours de chaleur, phénomène très rare aux Îles à la mi-mai.

Je vois encore notre avion atterrir, les ailes ballottant à gauche et à droite sous des vents de 70 km/heure. Je dois avouer que j'ai eu quelques sueurs froides.

À notre arrivée à l'aéroport de Havre-aux-Maisons, la grêle s'abattait sur notre voiture de location. Nous avons eu droit à toutes les intempéries possibles : tempête de neige, tempête de sable et quand les vents se sont calmés, la pluie et la brume se sont mises de la partie.

On ne peut espérer mieux pour se reposer et dormir douze heures par jour sans remords de conscience. Ma semaine se résume ainsi : j'ai cuisiné des fruits mer à ma blonde et j'ai écouté les vingt-quatre épisodes de la série populaire américaine « 24 heures top chrono » qu'une copine nous avait enregistrées au cas où la température ne serait pas clémente ! Nous aurait-elle attiré le mauvais sort ? « Sacrée Audette » !

Dès notre sortie de l'aéroport, nous en avons profité pour faire quelques courses avant que la tempête nous paralyse complètement. Nous nous sommes arrêtés à Pêcheries Gros-Cap pour acheter 500 g de pattes de crabe complètement décortiquées, deux beaux homards de 800 g bien vivants, 500 g de pétoncles fraîchement pêchés et des boîtes d'excellentes palourdes appelées « mactres de Stimpson » ou akagaï en japonais. De quoi nous remonter le moral... n'est-ce pas ?

À ma grande surprise, au-dessus de la poissonnerie, il y avait un restaurant nommé « La Factrie » (nom employé par les Madelinots dans les années 50 pour parler de l'usine – *factory* – d'où l'on a pu observer une partie de l'usine de transformation de crustacés tout en mangeant une galette de morue et une guédille au crabe, toutes deux hallucinantes. Un des proprios, M. Jean-Yves Cyr, nous a invités à revenir visiter l'usine un peu plus tard dans la semaine.

Pour terminer, une halte à la succursale de la Société des alcools de Cap-aux-Meules s'imposait pour acheter quelques bouteilles de vin qui accompagneraient nos fruits de mer et nous feraient oublier le mauvais temps.

DANS MA CUISINE

Comme vous le savez peut-être déjà, je ne pars jamais en vacances sans ma trousse de secours. C'est en réalité une mallette remplie d'ingrédients dépanneurs qui servent à rehausser la saveur des aliments que je découvre dans mes voyages.

Je l'apporte partout avec moi depuis une escale à Saint-Barthelemy dans les Antilles il y a de cela environ cinq ans. Je m'assure ainsi de manger à mon goût et de faire tripper mes amis à la pêche, à la plage, à la chasse. Dans ce cas-ci, ma petite trousse servirait à séduire les papilles de ma blonde dans la petite maison des Îles qui appartient à nos bons amis Simone et Georges.

Soya bio, huile d'olive, épices à barbecue, ketchup maison, gingembre mariné, vinaigre balsamique, vinaigre de riz, huile de truffe, piment d'Espelette, jus de yuzu japonais, algues, riz à sushi, risotto Carnaroli, j'y mets tout ce qu'il faut pour faire ressortir le goût des fruits de mer.

Cette base d'ingrédients peut être complétée sur les lieux de ma destination avec les produits de la région. Par exemple, aux Îles, plus particulièrement à Fatima sur le chemin de la Belle-Anse, se trouve une dame qui fait une huile de persil marin exceptionnelle et un assaisonnement mer et terre qui relève à merveille les pétoncles et les *chowders*. À vous de fouiner sur place pour découvrir les petits trésors cachés de vos vacances !

Le premier repas a été mémorable. Les merveilleuses asperges blanches de M. Daigneault, que j'avais apportées dans une petite glacière, ont été cuites à la perfection et servies avec des pétoncles parsemés d'assaisonnement mer et terre rôtis avec de l'huile d'olive, le tout déglacé avec quelques gouttes de soya bio et de jus de yuzu. Une simplicité désarmante pour réussir un plat avec autant de panache. C'est ce genre de surprise qui nous arrive lorsque que l'on cuisine avec des produits frais.

Le lendemain, au réveil, la tempête de neige battait son plein. Les vagues d'un mètre de hauteur berçaient énergiquement les bateaux de pêche bien ancrés dans les ports, Les plaines ensevelies de neige nous offraient un spectacle incroyable ! J'ai pensé qu'il fallait célébrer ça avec un petit foie gras de canard de la ferme Le Canard Goulu que j'avais caché au fond de ma glacière... hi ! hi ! hi ! Je l'ai servi bien rôti, assaisonné avec mes épices à griller et agrémenté de quelques tranches de mangues restantes du déjeuner. Je les ai poêlées et déglacées avec une laque à l'érable que je prépare au resto ; une entrée gourmande des plus intéressantes.

J'ai ensuite mis à bouillir de l'eau salée de mer dans un gros chaudron et j'y ai plongé deux homards pendant huit minutes. Après quoi, je me suis empressé de les refroidir et de les décortiquer complètement.

J'ai concocté un beurre citronné dans lequel j'ai ajouté ma fleur d'ail, que je mets en pots l'automne. J'y ai plongé les morceaux de homard. J'ai terminé la cuisson doucement, sans les brusquer. Manger du homard des Îles à la cuillère sans accompagnement est d'une jouissance quasi inégalable. Je dis bien « quasi » car les plats qui ont suivis les autres jours de la semaine lui ont littéralement volé la vedette comme le *chowder* de palourdes, les sushis de crabe et mon fameux *crab cake*, dont je vous propose la recette. J'ai accompagné ce *crab cake* d'une salsa aux poivrons et d'une mayonnaise au chili et œufs de poisson volant.

La chair de ce crabe des neiges est tellement fraîche, son goût est si fin et sa texture si moelleuse, qu'aucun fruit de mer ne peut rivaliser avec ce crustacé. C'est pourquoi je me suis rendu à l'usine de Gros-Cap pour en savoir plus !

VISITE AUX PÊCHERIES GROS-CAP

C'est en compagnie de Maurice Richard, non pas le joueur de hockey mais le contremaître de la production de l'usine, que j'ai compris que nos Madelinots étaient des vrais experts en matière de crabe. Il m'a expliqué les différentes étapes de transformation qui conduisent à un produit final «top niveau». Je peux vous dire que c'est tout un travail de moine qui demande beaucoup de patience et de bons soins de la part des quelque 80 personnes qui travaillent à l'usine. Ces Madelinots sont vraiment passés maîtres dans l'art de préparer le crabe. La saison de pêche débute vers le 15 mai et se termine vers le 15 juillet.

Les pêcheurs laissent tomber leurs cages très tôt le matin à 40 kilomètres des côtes des Îles-de-la-Madeleine. Ils pêchent toute la journée et rapportent leur butin (plus de 18 000 kilos de crabes vivants) assez tard en soirée. Des camions transportent les casiers de crabes jusqu'à l'usine de Gros-Cap.

PREMIÈRE PARTIE DE LA VISITE (L'ARRIÈRE DE L'USINE)

Du quai de réception, les crabes sont acheminés vers l'arrière de l'usine où ils seront triés par grosseur pour leur classement. Les 750 gr à 800 gr représentent le meilleur niveau de rendement, selon M. Richard. Les plus gros crabes se vendent plus cher parce qu'ils sont plus rares.

Ensuite, pour la plupart des crabes, on détache les deux sections des pattes accrochées au coffre. Certains sont conservés entiers pour la vente ou pour être décortiqués afin de récupérer la chair et le far (le foie) dans la carapace. Selon les Japonais, le far serait très aphrodisiaque. Ensuite, les pattes sont passées sur une brosse qui les débarrasse de leur branchies, puis un rinçage dans l'eau salée s'impose pour un petit nettoyage.

Les pattes crues sont mises dans des immenses casiers troués en inox qui servent de paniers pour la cuisson. À l'aide d'un convoyeur à câble, on achemine les casiers remplis de pattes dans les bouilloires géantes qui ressemblent à celles utilisées pour faire bouillir le sirop d'érable dans les cabanes à sucre.

On trempe les casiers remplis de pattes de crabe deux minutes dans une eau douce en ébullition et salée manuellement à 4 %. Des cahiers de charge servent à enregistrer chaque cuisson (heure, journée, temps de cuisson, température de l'eau, etc.).

Ensuite, on retire les casiers de pattes de crabe de l'eau avec le même convoyeur à câble et on les achemine dans la pièce adjacente tout en les égouttant pour ensuite les tremper, cette fois-ci, dans des bassines géantes d'eau glacée. À cette étape cruciale, on doit amener la chair à moins de 54 °F (12 °C). Cette étape est primordiale pour la conservation du produit. Le crabe frais est en effet un produit très fragile qui ne se conserve pas plus de quelques jours.

Après la cuisson, les casiers sont amenés soit à l'avant gauche de l'usine pour l'empaquetage des pattes entières ou encore à l'avant droit pour le décorticage.

DU CÔTÉ DE L'EMPAQUETAGE

Les sections de crabes cuites sont passées sous des jets à pression pour un autre nettoyage puis dirigées sur un tapis roulant où une vérification minutieuse sera effectuée : poids, état des pattes après cuisson (pattes manquantes ou brisées), taches noires sur les pinces, etc.

Ensuite, des dizaines d'ouvrières madelinoises très minutieuses empaquettent (toujours à la main) les sections de crabe en les plaçant délicatement côte à côte, selon une méthode qui relève de l'art, dans des boîtes à compartiments et à fonds troués. Elles empaquettent également des boîtes remplies uniquement de pinces de crabe.

Ensuite, les boîtes sont acheminées sur un autre tapis roulant pour être surgelées en quelques minutes au gaz CO_2 à -112 °F (-80 °C). Il ne restera qu'à les tremper rapidement dans une eau douce pour former une couche protectrice de glace à la surface du produit, ce qui permettra de le conserver congelé pendant deux ans sans qu'il soit brûlé par le gel. Ça c'est de la technologie moderne ! On referme ensuite les boîtes déjà imprimées en japonais et on les dépose directement dans un *container* congélateur à -13 °F (-25 °C). Les *containers* sont ensuite transportés par bateau à Cap-aux-Meules puis acheminés jusqu'au port d'Halifax avant d'être expédiés au Japon.

DU CÔTÉ DU DÉCORTICAGE

De gentilles ouvrières madelinoises, s'affairent à décortiquer à la main les crabes cuits. Une belle ambiance règne dans cette usine moderne où presque tout est fait à la main soigneusement selon des critères de perfection et des contrôles très rigoureux.

Plusieurs étapes sont nécessaires pour obtenir de la chair de crabe : d'abord on doit arracher les sections (les pattes) des coffres des crabes cuits, ensuite on achemine les morceaux vers différents postes de travail. À un poste, on retire le far à l'intérieur de la carapace, à un autre, on fait la découpe des sections, dans un autre encore on défait les pattes pour retirer les cartilages et on achemine les pattes vers la seule machine qui sert à extraire la chair de la patte de crabe, instrument qui ressemble à deux rouleaux tordeurs d'une ancienne machine à laver qui servaient à essorer le linge. Lorsqu'on met la patte entre les deux rouleaux, la chair en est expulsée d'un côté et la carapace de l'autre. Assez ingénieux...

Toute cette belle chair est empaquetée sous vide ou sera mise en conserve avant d'être expédiée.

GÂTEAU DE CRABE
des neiges et salsa de poivrons

Pour 4 personnes

OÙ FAIRE SON MARCHÉ

À Montréal, à la poissonnerie La Reine de la Mer.
À Québec, à la Poissonnerie Mer Québec.

Si vous êtes en vacances aux Îles-de-la-Madeleine,
à Pêcheries Gros-Cap à Cap-aux-Meules :
groscap@sympatico.ca ou chez La poissonnière, également
située à Cap-aux-Meules. Ouverte du début mai à la fin d'octobre
(demandez Roney) : www.tourismeilesdelamadeleine.com

Visitez sur le site officiel des Îles, la section le bon goût frais des Îles : www.ilesdelamadeleine.com/bongoutfrais.
Vous y trouverez toute les informations et les adresses des producteurs et des commerces comme la Fromagerie du
pied-de-vent où vous pouvez acheter les produits sur place.

À ne pas manquer aussi Le Fumoir d'Antan, l'Économusée du hareng fumé et l'Anse aux herbes pour l'huile de persil de mer et
l'assaisonnement « mer et terre ».

Découvrez également les délicieuses charcuteries fines de Patrick Matyey au Cochon tout rond, dans l'ancienne école
primaire à Havre-Aubert ainsi que sa table réputée La Marée Haute.

Parmi mes restaurants madelinots préférés, on retrouve aussi La table des Roy, Le café de La Grave, le Café de la Côte
et le Domaine du vieux Couvent.

LE VIN

Chardonnay Toasted Head
R. H. Phillips
Californie, État-Unis

Pour l'osmose mets et vin de cette recette, nous avons besoin
d'une texture grasse et généreuse. Je vous suggère une
de mes trouvailles issue d'une région solaire du Golden
State. Un produit invitant, aux imposants effluves de poires
compotées et de vanille dû à son élevage en fûts de chêne.
Il est tout simplement imprégnant... Mmh !

INGRÉDIENTS

Gâteau de crabe

2 grosses pommes de terre Yukon Gold
pour 250 ml (1 tasse) de purée

30 ml (2 c. à soupe) d'huile d'olive

Sel au goût

250 g (1/2 lb) de chair de crabe (très bien égouttée)

1 échalote verte hachée

5 ml (1 c. à thé) de fleur d'ail hachée
ou 1 gousse d'ail hachée

10 ml (2 c. à thé) de moutarde de Dijon

30 ml (2 c. à soupe) de mayonnaise maison

15 ml (1 c. à soupe) de coriandre fraîche hachée

2,5 ml (1/2 c. à thé) de poivre rose écrasé

Sel de laitue de mer au goût

5 ml (1 c. à thé) de sauce Worcestershire

Puré de piment (asiatique) ou sauce tabasco au goût

Panure à l'anglaise

80 ml (1/3 tasse) de farine blanche bio
(non blanchie)

2 œufs bios

15 ml (1 c. à soupe) d'huile de pépins de raisin

Sel et poivre au goût

80 ml (1/3 tasse) de chapelure de pain très fine

Salsa de poivrons

1 poivron vert

1 poivron jaune

1 poivron rouge

1 oignon rouge moyen

1 tomate

30 ml (2 c. à soupe) de coriandre fraîche hachée

15 ml (1 c. à soupe) de vinaigre de tomate
ou de vinaigre de vin

45 ml (3 c. à soupe) d'huile d'olive

1 petit piment jalapeño haché

Sel et poivre au goût

TECHNIQUE

Pour le gâteau de crabe

Éplucher les pommes de terre et les couper en cubes réguliers. Les faire cuire dans l'eau bouillante salée pendant 30 minutes. Au terme de la cuisson, les égoutter et les mettre en purée. Ajouter l'huile d'olive et assaisonner. Incorporer la chair de crabe bien égouttée dans la purée de pommes de terre. Y ajouter ensuite l'échalote verte, la fleur d'ail, la moutarde de Dijon, la mayonnaise maison, la coriandre fraîche, le poivre rose, le sel de laitue de mer, la sauce Worcestershire et quelques gouttes de sauce tabasco ou de purée de piment au goût. (Y aller modérément car c'est très fort). Réserver.

Pour la panure à l'anglaise

Pour faire les petits gâteaux de 90 g (3 oz), mouler chaque portion dans un emporte-pièce de métal et les façonner avec les paumes de vos deux mains. Les passer d'abord dans la farine et bien secouer. Les faire tremper ensuite dans le mélange d'œufs battus avec un peu d'huile, de sel et de poivre. Enfin, les passer dans la chapelure. Réserver.

Pour la salsa de poivrons

Enfoncer les queues des poivrons en pressant avec vos pouces et retirer pour enlever le cœur et les pépins. Couper les piments en deux et enlever la membrane blanche se trouvant à l'intérieur. Couper les tranches de poivrons en petits dés de 2 mm (1/8 po) de côté. Éplucher l'oignon rouge et le couper de la même grosseur que les dés de poivrons. Retirer le pédoncule de la tomate. La couper en deux et la presser légèrement pour en extraire le jus et les pépins. La tailler aussi en petits dés. Mélanger tous les légumes et ajouter la coriandre fraîche, le vinaigre de tomate, l'huile d'olive et le piment jalapeño. Assaisonner et réserver.

Montage et présentation

Mettre à cuire les petits gâteaux de crabes 3 ou 4 minutes dans la friteuse à 350 °F (180 °C). Si vous ne possédez pas de friteuse, vous pouvez les cuire dans une poêle anti-adhésive avec un peu d'huile d'olive et une noisette de beurre. Les dorer sur toutes les faces et les placer au four à 325 °F (180 °C) une dizaine de minutes. Verser un peu de salsa dans chaque assiette et déposer les gâteaux de crabe dessus. Servir avec un peu de mayonnaise parfumée à la sauce de piment et d'œufs de poisson volant ou encore avec un délicieux ketchup maison. Décorer avec quelques feuilles de céleri miniature.

L'ATELIER
et ses secrets

1. Veiller à retirer tout le cartilage de la chair de crabe.

2. Ne pas surcuire les pommes de terre et ne pas trop saler l'eau car elles absorbent le sel.

3. Voir à ce que l'huile de la friteuse soit bien chaude (350 °F ou 180 °C).

4. Pour éviter de diluer la marinade de la salsa, il est préférable de dégorger les dés de poivrons pour en extraire l'eau de végétation. Saupoudrer les poivrons de sel. Après une dizaine de minutes, les rincer sous l'eau froide et les assécher en les pressant entre les mains ou dans un linge en coton.

TABLE DES MATIÈRES

TABLE DES RECETTES

CRÉDITS

Conception graphique
lg2 québec

Accords mets et vins
Philippe Lapeyrie

Photographies
Alain Roberge, *La Presse*
Marc Couture
Nathalie Mongeau, *Kanuk*
Serge Caron
André Tremblay, *La Presse*
Martin Chamberland, *La Presse*
Pierre Beauchemin, *ITHQ*

LES ÉDITIONS LA PRESSE

Président
André Provencher

Directeur de l'édition
Martin Rochette

Adjointe à l'édition
Martine Pelletier

© Les Éditions La Presse
TOUS DROITS RÉSERVÉS

Dépôt légal - 4ᵉ trimestre 2005
Bibliothèque nationale du Québec
Bibliothèque nationale du Canada

ISBN 2-923194-16-0

Imprimé et relié au Québec

Les Éditions

LA PRESSE

7, rue Saint-Jacques
Montréal (Québec)
H2Y 1K9
1 800 361-7755

Catalogage avant publication
de Bibliothèque et Archives Canada

Vézina, Daniel

Daniel Vézina : Le fruit de ma passion

Comprend un index.

ISBN 2-923194-16-0

1. Cuisine québécoise.
2. Accord des vins et des mets.
3. Conseils pratiques, recettes, trucs, etc.
4. Vézina, Daniel
- Voyages. I.
Titre. II. Titre : Le fruit de ma passion.

TX715.6.V492 2005   641.59714   C2005-941899-0

L'Éditeur bénéficie du soutien de la Société de développement des entreprises culturelles du Québec (SODEC) pour son programme d'édition et pour ses activités de promotion.

Nous reconnaissons l'aide financière du gouvernement du Canada par l'entremise du Programme d'aide au développement de l'industrie de l'édition (PADIÉ) pour nos activités d'édition.

laurie raphaël Restaurant | Atelier | Boutique

117, Dalhousie, Vieux-Port (Québec) G1K 9C8
(418) 692-4555
laurieraphael@videotron.ca   www.laurieraphael.com